歌德

从多情少年到世界文豪

周红英◎编著

中国社会出版社
国家一级出版社·全国百佳图书出版单位

“世界名人非常之路”编委会

写在前面的话

著名学者培根说："用伟大人物的事迹激励我们每个人，远胜于一切教育。"

的确，崇拜伟人、模仿英雄是每个人的天性，人们天生就是伟人的追星族。我们每个人在追星的过程中，带着崇敬与激情沿着伟人的成长轨迹，陶冶心灵，胸中便会油然升腾起一股发自心底的潜力，一股奋起追求的冲动，去寻找人生的标杆。那种潜移默化的无形力量，会激励我们向往崇高的人生境界，获得人生的成功。

浩浩历史千百载，滚滚红尘万古名。在我们人类历史发展的进程中，涌现出了许多可歌可泣、光芒万丈的人间精英。他们用挥毫的笔、超人的智慧、卓越的才能书写着世界历史，描绘着美好的未来，不断创造着人类历史的崭新篇章，不断推动着人类文明的进步和发展，为我们留下了许多宝贵的精神财富和物质财富。

这些伟大的人物，是人间的英杰，是我们人类的骄傲和自豪。我们不能忘记他们在那历史巅峰发出的洪亮的声音，应该让他们永垂青史，英名长存，永远纪念他们的丰功伟绩，永远作为我们的楷模，以使我们未来的时代拥有更多的出类拔萃者，以便开创和编织更加绚丽多姿的人间美景。

我们在追寻伟人的成长历程中会发现，虽然每一位人物的成长背景各不相同，但他们在一生中所表现出的辛勤奋斗和顽强拼搏精神，则是殊途同归的。这正如爱默生所说："伟大人物最明显的标志，就是他们拥有坚强的意志，不管环境怎样变化，他们的初衷与希望永远不会有丝毫的改变，他们永远会克服一切障碍，达到他们期望的目的。"同时，爱默生又说："所有伟大人物都是从艰苦中脱颖而出的。"

伟大人物的成长也具有其平凡性，关键是他们在做好思想准备进行人生不懈追求的过程中，从日常司空见惯的普通小事上，迸发出了生命的火花，化渺小为伟大，化平凡为神奇，

获得灵感和启发，从而获得伟大的精神力量，去争取伟大成功的。这恰恰是我们每个人都要学习的地方。

正如学者吉田兼好所说：“天下所有的伟大人物，起初都是很幼稚而有严重的缺点，但他们遵守规则，重视规律，不自以为是，因此才成为一代名家，成为人们崇敬的偶像。”

为此，我们特别推出“世界名人非常之路”丛书，精选荟萃了古今中外各行各业具有代表性的名人，其中包括政治领袖、将帅英雄、思想大家、科学巨子、文坛泰斗、艺术巨匠、体坛健儿、企业精英、探险英雄、平凡伟人等，主要以他们的成长历程和人生发展为线索，尽量避免冗长的说教性叙述，而采用日常生活中富于启发性的小故事来传达他们成功的道理，尤其着重表现他们所处时代的生活特征和他们建功立业的艰难过程，以便使读者产生思想共鸣和受到启迪。

为了让读者很好地把握和学习这些名人，我们还增设了人物简介、经典故事、年谱和名言等相关内容，使本套丛书更具可读性、指向性和知识性。

为了更加形象地表现名人的发展历程，我们还根据人物的成长线索，适当配图，使之图文并茂，形式新颖，设计精美，非常适合读者阅读和收藏。

我们在编撰本套丛书时，为了体现内容的系统性和资料的翔实性，参考和借鉴了国内外的大量资料和许多版本，在此向所有辛勤付出的人们表示衷心谢意。但仍难免出现挂一漏万或错误疏忽，恳请读者批评指正，以利于我们修正。我们相信广大读者通过阅读这些世界名人的成长与成功故事，领略他们的人生追求与思想力量，一定会受到多方面的启迪和教益，进而更好地把握自我成长的关键，直至开创自己的成功人生！

人物简介

名人简介

约翰·沃尔夫冈·冯·歌德（Johann Wolfgang von Goethe，1749～1832），18世纪中叶至19世纪初德国和欧洲最重要的剧作家、诗人和思想家，主要作品有剧本《铁手骑士葛兹·冯·伯里欣根》、书信体小说《少年维特之烦恼》、自传性作品《诗与真》、诗剧《浮士德》，以及许多抒情诗和评论文章。

歌德从小爱好自然科学和艺术，曾先后在莱比锡大学和斯特拉斯堡大学学习法律。他年轻时曾梦想做一个画家，但在绘画的同时他又开始了文学创作。他的写作生涯是从10岁开始的。1774年秋，《少年维特之烦恼》的出版使他一举成名。

1775年11月，歌德来到魏玛，并进入魏玛公国宫廷参政，自此开始了他近10年的官宦生涯。在魏玛，他先后担任枢密顾问官和军事长官，还主持过税务署。1786年6月，他前往意大利，专心从事绘画、文学创作和自然科学研究。1788年，他回到魏玛任剧院监督。

1794年，歌德与德国启蒙文学的另一个代表人物席勒相遇，在此后的10年时间里，他们在创作上互相帮助，各自写出了他们的名作。

1805年后的近30年中，是歌德创作上的鼎盛时期。他完成了小说《亲和力》，诗集《西东诗集》、《威廉·迈斯特的漫游年代》，自传性著作《诗与真》、《意大利游记》以及耗尽他毕生心血的巨著《浮士德》第一部。1832年3月22日，歌德在魏玛逝世，终年83岁。

歌 德

成就与贡献

歌德生活的时代，是欧洲社会大动荡大变革的时代。当时封建制度日趋崩溃，革命力量不断高涨，社会正发生着深刻的变革。歌德在这种思潮的影响下，触发了创作灵感，写出了振聋发聩的优秀的作品。

作为德国“狂飙突进”运动的代表人物，歌德在他的一系列作品中呼唤自由，歌颂反抗，肯定为人类幸福而劳动的思想。他最著名的作品《浮士德》是一部颇富哲学意味的诗剧，反映的是人类追求生命意义的伟大精神。也由于此书，奠定了歌德在世界文学史上的崇高地位。

歌德不仅是伟大的文学家，写有许多的诗歌、小说、剧本、散文、文艺理论，而且他还是画家、剧院经理、新闻记者、教育家和自然哲学家。他的成就是多方面的，在文艺理论、哲学、历史、造型艺术及自然科学等领域，他都为人类作出了宝贵的贡献。

地位与影响

歌德是欧洲有代表性的诗人，在世界文学史上有崇高的文学地位，其声誉可与荷马、但丁、莎士比亚比肩。

歌德的作品曾被翻译成48种语言，是各国经典的重要组成部分。他参与世界文学的最突出的例子是两本诗集《西东诗集》和《中德四季晨昏杂咏》。前者受波斯诗人哈菲兹影响，后者受中国戏剧和小说影响。歌德借文化交流来提高宽容度，他的“世界文学”被后人称为“跨文化交流”。

歌德和朋友席勒还开辟了“以歌德和席勒的友谊为特征”的德国古典文学全盛时期，他们联合把德国古典文学推向了高峰，并使魏玛这个小小的公园都城一跃成为当时德国与欧洲的文化中心，对德国古典时期的文学创作产生了极其巨大的影响。

目录

歌德

少年的梦想

求学的磨砺

青春的付出

中年的成就

晚年的收获

附　录

少年的梦想

经验丰富的人读书用两只眼睛，一只眼睛看到纸面上的话，另一只眼睛看到纸背后的含义。

——歌德

出身富裕市民家庭

在德国西部的美茵河畔，有一个美丽的城市叫法兰克福，这个城市位于欧洲中心。美茵河是莱茵河的支流，它从东至西把法兰克福一分为二，使这个城市自古就有船舶舟楫之利。法兰克福由于交通便利，商业发达，一向是皇帝加冕的地方。

1749 年 8 月 28 日上午，在法兰克福的牡鹿沟街 23 号的两幢并排的房子里，一个名叫约翰·卡斯帕尔的人正在屋里焦急地走来走去。他的身边是他的岳父特克斯托尔市长和岳母安娜·玛加蕾塔·林德海默夫人，以及他的母亲科纳里娅·塞尔霍恩太太。

此时，卡斯帕尔的妻子卡塔琳娜·伊丽莎白即将分娩，卡斯帕尔一边走一边在心里默默地念叨："哦，我尊敬的上帝，请你保佑他们母子平安。"

可上帝好像故意为难他们似的，已经快到中午了，卡斯帕尔的孩子还没有出生。

"当当当"——正午的钟声敲响了！卡斯帕尔的仆人从伊丽莎白的卧室跑出来向主人报告说："先生，您的孩子出生了，他是个男孩，不过……"

"什么？你说什么？为什么我没有听到孩子的哭声！"卡斯帕尔不耐烦地打断了仆人的话。

仆人不安地说："是的，先生，您的孩子出了点状况，接生医生正在想办法呢！"

"天啊！这是怎么回事？"卡斯帕尔的母亲塞尔霍恩太太着急地推开了卧室的门，跑进了房间。

伊丽莎白的床边，医生正抱起一个新生的婴儿，只见他脸色青紫，呼吸微弱，正处于休克状态。

医生将婴儿摇来晃去，又是用酒擦心窝，又是拍脚板。经过一番手忙脚乱的抢救，小婴儿终于睁开了一双大眼，这是一双深褐色的黑亮黑亮的眼睛。

在一旁焦急地注视着的塞尔霍恩太太见此情景，不禁惊喜地喊道："他活下来啦！他活下来啦！"

小婴儿被祖母的叫声吓坏了，他张着粉嘟嘟的小嘴，"哇"的一声哭了起来。

在门外等待的人们听到屋子里传来的哭声，终于松了一口气。

第二天，这个被救活的婴儿在受洗时起名为约翰·沃尔夫冈·歌德。

谁也不知道，就是这个险些夭折的孩子后来会成为德国诗坛一颗璀璨夺目的巨星，他的出现使沉寂多年的德国诗坛大放异彩。

歌德出生在一个当地的特权家族，他的父亲卡斯帕尔先生的先祖是图宾根的手工业者，他曾学过法律，做过律师，在帝国政府、雷根斯堡议会及维也纳帝国枢密院任过职，并到过意大利、法国、荷兰等地游学观光。1741 年，卡斯帕尔在 31 岁的时候，才回到故乡法兰克福。

卡斯帕尔原想在市参议会谋取一个合适的职位，但没有成功。为了能在一个重视门阀地位的社会中立足，他花钱买了个皇家顾问的头衔。这样一来，根据当地的规则，他已不可能再在本地政府任职，而只能赋闲在家，靠食利为生。

1748 年，卡斯帕尔在一场舞会中认识了时任法兰克福市长的大女儿伊丽莎白，这年 8 月 20 日，这位 37 岁的皇家顾问与年方 17 岁的市长千金结为夫妻。

歌德是母亲的第一个孩子，在这之后的第二年，她的母亲又为他生了一个妹妹科纳里娅。

当时的德国医术还不发达，所以孩子生得多，死亡率也很高。以后，歌德的父母还为他生了几个弟弟妹妹，但都夭折了。

歌德的父亲卡斯帕尔，是一个勤勉好学、自尊心强、热爱艺术、爱好收藏名画古籍、寡言少语、注意整洁、偏重理智的学者，但也是一个性情执拗、办事刻板、铁面无情、喜欢吹毛求疵的人。

而他的妻子伊丽莎白的性格则和她的丈夫正好相反。她年轻、有朝气，对生活充满了向往，同时，她也善于体贴丈夫，并努力用自己的温柔去缓解丈夫的严峻。她不仅是位贤妻，也是一位良母，她喜欢给孩子们讲述童话、《圣经》和一切孩子们感兴趣的故事，这些使小歌德受益匪浅。成年后的歌德曾用这样一首小诗，来概括了自己的家人：

父亲给我强健的体魄，
还有立身处世的尊严。
母亲给我快活的天性，
还有故事滋润心田。
曾祖父生来爱好美色，
他的幽灵也忽隐忽现。
曾祖母喜爱金银首饰，
这同样流贯我的血管。
所有因素形成一个不可分割的整体，
你能说什么是人的本性所使然？

爱做游戏的孩子

歌德的家所住的街道叫作牡鹿沟街，可是，在这里，既没有鹿，也没有沟。这令小歌德太奇怪了，他问自己的妈妈：“为什么没有沟也没有鹿，却取了牡鹿沟街这样一个名字呢?”

妈妈耐心地告诉他，在很久很久以前，法兰克福市的牡鹿沟街还仅仅是城外的一个不起眼的地方，那时这里有一条壕沟，养着一些鹿。人们在这里饲养鹿，是因为依照旧俗，市议会每年要举行烹鹿公宴。养在这里的鹿因为离城较近，可以随时供这个节日取用，就是敌人把城市封锁包围了也不要紧。

歌德听了这个故事很高兴，他曾希望能在这个饲养动物的地方看到温驯的小鹿，可是，他经过思考，觉得这个想法难以实现，也就放弃了。

歌德家的房子是一所古老宽敞的房子。这所房子本来是由两幢打通了的毗连的房子构成的。一道高耸的梯子通到几间互不连贯的屋子里，高低不一的楼面靠台阶衔接。楼下有宽敞的前廊、宽大的木栅，透过木栅可以直接与街道和露天相通。这样一个鸟笼似的东西，人们称它为“格子间”。

歌德4岁时，长着圆鼓鼓的脸，披着短发，健康活泼，逗人喜爱。他经常同自己的妹妹科纳里娅，以及对门邻居、已故市长奥克逊施泰因的3个儿子一起玩耍。

像所有的孩子一样，歌德也有调皮捣蛋的时候，有一次他的家人在卖陶器的集市上置备了一些厨房用品，也给小歌德买了一些小巧的炊具、食器类陶器玩具。

一个晴朗的下午，歌德的祖母和父母都不在家，他的妹妹也正在睡觉，家里的仆人都在忙着各自的事情，家中安静极了。他带着父母前些天为他买的盘儿锅儿的在格子间玩耍。

当他再玩不出什么名堂来的时候，他就把手里的一件陶器玩具随手扔到窗户外边的街上去。玩具破裂的清脆响声让歌德觉得有趣，他又抓起另外一件小陶叉子扔下去。

歌德的几个伙伴奥氏三兄弟听到街上的响声，都跑出来观看。他们看着街上被小歌德破坏的陶器玩具，高兴极了，为小歌德鼓起掌说：“再来一个！”

歌德毫不犹豫地又将另一个小陶锅扔到街上。

在不断的叫嚷声中，一个个的陶器盘子、锅、碗等通通被摔了出去。为博得小伙伴们的欢心，歌德手上的玩具摔完了，又跑进厨房，把家里刚买了没几天的用来吃饭的陶瓷盘子拿出来，继续刚才的“壮举”。

一会儿的工夫，街上就躺满了各种形状的陶瓷碎片。那些无辜的陶瓷片四分五裂地躺在地上，哭丧着脸似的看着歌德。孩子们的欢笑声惊动了歌德家的仆人，歌德的这个游戏才宣告结束。

这天晚上，由于歌德摔坏了很多碗，致使家人盛饭的碗都凑不齐，他的父亲卡斯帕尔用严厉的眼睛看着儿子，询问他：“你为什么要把它们都扔到街上去呢？”

歌德说：“爸爸，你不知道，它们落下去的声音多好听呀？而且，大家也都很喜欢听呢！”

卡斯帕尔嘟起嘴巴，深深地呼吸了一下，说：“那么，我们今晚没有吃饭的碗了，该怎么办呢？”

歌德看看爸爸，又看看桌子上剩下的碗，说不出话来。

卡斯帕尔先生接着说：“那这样吧，既然你为了听好听的声音而把碗扔了，看来你是不愿意吃饭了，那么，你今天就不要吃饭好了。”

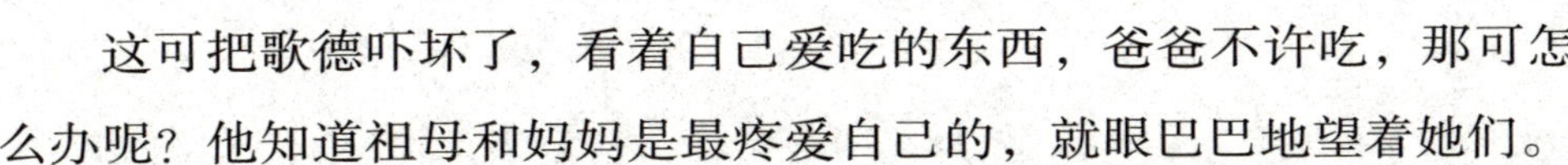

这可把歌德吓坏了，看着自己爱吃的东西，爸爸不许吃，那可怎么办呢？他知道祖母和妈妈是最疼爱自己的，就眼巴巴地望着她们。

看着可怜的歌德，塞尔霍恩太太对孙子说："我的孩子，你想吃饭吗?"

歌德用力地点点头。

塞尔霍恩太太接着说："那么，你以后就不要再扔碗了，好吗？要知道，那种声音虽然很好听，可是，碗摔坏了，我们大家就不能吃饭了呀!"

歌德眨眨眼睛，想了想说："对不起，奶奶，因为我的好奇心，摔坏了那么多的碗，让大家没有碗吃饭，真是太不应该了，以后我再也不摔碗啦!"

塞尔霍恩太太听了小孙子的话，高兴地说："知错就改就是奶奶的好孙子，既然你已经知道错了，那就吃饭吧!"

歌德又转过头来看看爸爸，因为严厉的父亲还没有说话呢！卡斯帕尔先生瞄了儿子一眼，慢条斯理地说："好吧！今天的事就不追究了，开饭!"

在奶奶的保护下，歌德顺利地过了一关。

克服胆小的毛病

歌德幼年的大部分时间都是在他的祖母身边度过的。

塞尔霍恩太太温柔、和蔼、亲切，总爱穿着整洁的白色衣裳。她喜欢替孩子们制作各种各样的小玩具，当然也乐于给孩子们准备各种零食。

有一年的圣诞节前夜，塞尔霍恩太太别出心裁地让人给歌德和妹妹科纳里娅演了一台木偶戏，这台戏的造型、动作给童年的歌德留下了强烈的印象，使他久久不能忘怀。

然而，在歌德5岁的时候，塞尔霍恩太太去世了。这场变故，改变了歌德的生活。塞尔霍恩太太在世的时候，歌德一直都是和奶奶一起睡觉的，自从失去了奶奶，歌德晚上总是睡不好。

歌德家里的房子很大，而且样式老旧，曲里拐弯，好些地方幽暗沉沉，加上小歌德家的仆人在白天又常常为他讲些魔鬼吃小孩之类的故事，小歌德非常害怕。

很长一段时间，歌德晚上都不敢独自睡觉。当他一躺在床上，闭上眼睛时，他就感觉到，在他的四周到处都是长着长长的指甲和尖尖牙齿的魔鬼，它们要来吸自己的血，吃自己的肉。

歌德恐惧极了，他紧紧地捂住被子，把自己盖得严严实实，可是，捂得太严实又让他透不过气来，他只好在房间里发出大声的尖叫。

卡斯帕尔先生出现在了歌德的房间，他生气地问儿子为什么这样晚了还不睡觉，还要在屋里发出尖叫声。

歌德委屈地解释说：“可是，爸爸，刚刚我的房间里有好多好多

的魔鬼，它们是专门吃小孩子的！”

卡斯帕尔先生觉得儿子的想象力太丰富了，可他又不能笑出声来，于是，他仍然严厉地说：“这个世界上哪里有魔鬼，那都是欺骗小孩子们的东西，你还是赶紧睡觉吧！不然的话，魔鬼不吃人，我可要打人了！”

“可是，可是……”歌德还想说什么，爸爸已经转身向门口走去。

卡斯帕尔先生走到门口，回头看了一下歌德说：“行了！歌德，你可是我们家的男子汉，要知道你以后长大了是要当父亲的。父亲都是顶天立地的，如果你连那些骗人的东西都要相信的话，还怎么当男子汉呢！”

说完，卡斯帕尔先生“嘭”的一声关上了门，把小歌德独自锁在了房间里。

歌德在害怕和担心中度过了一晚，当天亮的时候，他立即跑到了妈妈的面前，向妈妈诉苦。歌德哭着说：“亲爱的妈妈，我不愿当什么男子汉，我晚上可以和你一起睡吗？”

妈妈奇怪地问：“哦！这是为什么呢？我的孩子！”

歌德说：“妈妈，我的房间里有好多专门吃小孩的魔鬼，他们天天晚上出来吓我！爸爸说，男子汉是不可以害怕魔鬼的，可是，妈妈，我根本就不想当什么男子汉！你一定要救救我！”

妈妈对儿子的回答感到又可怜又可笑，她笑着安慰小歌德说：“世界上的一切魔鬼，还有我们人，以及一切的小动物，都是上帝创造出来的，都是上帝的孩子。如果上帝发现谁做了坏事，就会派魔鬼来吃掉他，但是，我的歌德是个好孩子呀，他从来都没有做坏事，上帝怎么会让魔鬼来吃你呢？”

歌德好奇地问：“可是，上帝在哪里呢？”

妈妈回答说：“在天上，上帝在天上看着我们呢！他能够看见我们每个人做的事，如果他发现谁做了坏事，他就会派魔鬼来惩罚他！”

歌德想："一定是我弄脏了女仆们的衣服，被上帝发现了，所以他才派来魔鬼吓我的！"

歌德决定以后再也不对仆人们恶作剧了。

这时正是桃子成熟的季节，妈妈从集市中买了很多桃子来给歌德和他的妹妹吃。歌德太喜欢吃桃子了，他希望每天都能吃到甜甜的桃子，妈妈对歌德说："这样吧，如果我们的歌德能在晚上自己乖乖地睡觉，那么妈妈每天都给你一些桃子吃。"

听了妈妈的提议，歌德真是太开心了。他想："如果以后我不做坏事了，上帝就一定不会再派魔鬼来的！"

到了晚上，歌德独自在自己的屋里睡觉，他想着自己一整天都没有做坏事，上帝一定不会派魔鬼来的，于是歌德这天晚上果真就没有见到魔鬼。他想着第二天能得到妈妈承诺的桃子，便很快地睡着了。

这一夜，歌德睡得特别的香，他第二天果真得到了妈妈许诺的桃子。

卡斯帕尔先生游历过意大利，对于意大利语言和一切与意大利有关的东西都酷爱，他将重新整修的家中前厅挂上了一排罗马铜版风景画，画面上有罗马圆形剧场、圣彼得广场、圣彼得教堂等意大利著名建筑，使得原来显得幽暗、陈旧的屋子完全变了样。

当做完这一切以后，寡言少语的卡斯帕尔又向歌德介绍了很多关于这些建筑来历的故事。后来，歌德酷爱罗马艺术，就是深受他父亲的影响。

文学兴趣的形成

歌德是家中唯一的男孩子，父母虽然很疼爱他，但在素质教育方面对他决不松懈。

在歌德很小的时候，他的父亲就经常拉着他到公园里游玩，或者到田野里散步。每当这些时候，父亲总要教他唱些通俗易懂的歌谣，在无形中向他灌输一些有用的知识。

歌德的母亲伊丽莎白则喜欢用讲故事的方法，向歌德传授各种知识。

伊丽莎白先讲短小的故事，然后讲一些长篇故事。她讲故事的方式和一般人不同，她的“故事教学”不是一个劲地“满堂灌”，而是采用悬念的形式，每次讲到一定阶段，或是讲到重要的转折关头时就停下来。

妈妈对他说：“你自己先想想后来会怎样？明天妈妈再继续讲。”

第二天，妈妈先问歌德是如何猜想的，叫他先说说故事后来会怎样。无论歌德怎样说，妈妈都会高兴地说些鼓励的话，然后再继续讲未讲完的故事。

父母出色的家庭教育，使歌德从小就对文学产生了朦胧的向往。

周围的人很快就发现，歌德天分很高。他父亲决定亲自担任儿子的家庭教师，希望自己未竟的事业儿子能够接力完成。

卡斯帕尔先生先教小歌德一些基础知识，让他欣喜的是歌德领悟能力强，消化、吸收得都很快。卡斯帕尔先生又为儿子请来家庭老师让小歌德开始学习书法和音乐。

歌德不喜欢文法，但在修辞学和作文方面都超过别人。他记忆力好，思维敏捷，善于推理，显出早熟的特征。歌德在语言方面显出了惊人的天赋，除了母语以外，他还学习拉丁语、意大利语、英语、希伯来文和希腊文。对歌德来说，英语不过是儿童语言，他仅用4周的时间就初步掌握了。

少年是求知欲最旺盛的时期。歌德不满足于父亲教自己的那些知识，他开始偷偷地跑到父亲的书房里去看书。

歌德的家里有一个小巧精美的图书室。有一次，他从书架上取下一本诗集，刚要读，就被卡斯帕尔先生发现了。

卡斯帕尔先生对小歌德说："这是'禁诗'，不许你读。以后，我叫你读什么，你就读什么，一切都要按照规矩去做。"

一天上午，歌德趁爸爸不注意，偷偷溜进图书室，拿起那本"禁诗"读起来，他不但自己读，而且叫他的妹妹也读了。歌德扮演诗中的魔鬼，他的妹妹扮演别的角色。自从歌德克服了胆小的习惯以后，现在的他已经不再害怕书中的魔鬼了。

歌德和妹妹分别扮演诗中的人物又背又读，非常专心。当时他们的父亲正在楼下理发。歌德背得很起劲，声音由低变高，越来越大，他的妹妹也大呼大叫，走上前将扮演魔鬼的哥哥一把抓住。

他们扮演得很认真，声音也很大，几乎忘记了楼下的父亲。当妹妹大呼一声"抓住你这个害人的魔鬼"时，他们的声音吓得楼下的理发师打翻了脸盆，将水全部扣到了卡斯帕尔先生的身上。

歌德带妹妹偷读"禁诗"的秘密被父亲知道了，歌德免不了受到父亲的一顿训斥。尽管如此，歌德还是一有空就偷偷地去爸爸的书房看书。父亲见儿子这么喜欢读书，后来就不管他了，只是告诫他，要注意吸收有用的营养，摒弃无用的糟粕。

写给外祖父的诗

除了读书外，歌德最喜欢去的一个地方就是外祖父特克斯托尔市长的家。

外祖父有一个精心收拾的小花园，这个小花园的园径大部分用蔓生着葡萄的栏杆围着，园地一部分种蔬菜，一部分种花卉，里面一年四季鲜花不断，色彩缤纷。

花园里，还有歌德最喜欢吃的桃子。当桃树结果的时候，歌德就偷偷跑进外祖父的小花园，望着满树青油油的桃子。

看到外孙馋嘴的样子，特克斯托尔先生总是故意严厉地对歌德说："你看，这些桃子还没有熟呢，等它们变成红色的时候才能吃！"

歌德就好奇地问："为什么一定要等到变成红色的时候才能吃呢？"

特克斯托尔先生回答："不为什么，我的孩子，这些都是上帝决定的，就像你现在是小孩子，小孩子就可以不用上班，而只需要好好学习，以后，你才能成为一个有名望的人。而我今天之所以能够成为市长，是与我在小时候的勤奋学习分不开的，明白吗？"

歌德又说："那么，我会成为一个有名的人吗？"

特克斯托尔先生回答："是的，只要你现在努力学习，就一定会成为一个很有名的人，说不定会比外祖父更有名呢！"

听了外祖父的话，歌德暗下决心，将来一定要成为一个很有名的人。

在爸爸的藏书室里，歌德偷偷阅读了伊索、荷马、维吉尔和奥维德等人的著作。这时的他，才发现世界上的每一个角落都发生着许许多多奇妙的事情，而这些有趣的故事被这些名人们写出来，又是如此的吸引人。

在这些书中，歌德最喜欢的就是荷马和其他诗人们写的诗歌，还有一本《著名魔术大师、江湖术士约翰·浮士德博士的故事》的书，他也非常喜爱。

每次，当歌德在读这些诗歌的时候，他都觉得自己总是被诗里的情节所感染，他不禁暗下决心："我也要写出这么动人的诗歌，成为世界上最伟大的诗人。"

一天傍晚，当夕阳向法兰克福城投来最后的一瞥的时候，歌德兴奋地在桌前舒展了一下胳膊，然后不无骄傲地在他的拉丁文练习本上写下了这样一句话：

正式文科中最高年级的拉丁文练习是我自己主动抄下来并翻译出来的。

写好这句话，歌德满意地端详了一下，这才轻轻地合上本子走到窗前。

沉落的夕阳在天边留下一片诱人的玫瑰红，伸向法兰克福城外的赫希斯特的平原在暮色的笼罩下显得宁静而温馨。成功使小歌德感到振奋，他想起了自己要做诗人的愿望。

那么，他该首先写一首什么诗呢？歌德突然想起新年快要到了，他要送一首诗作为新年礼物送给外祖父和外祖母，他希望他的诗能像自己的拉丁文作业一样很快就能完成。

烛光在跳动，纯真的诗行在歌德的笔下流淌。当他写完最后一个德文字母时，母亲敲响了房门说："哦，我的孩子，该睡觉了。"

歌德兴奋地回答："好的，妈妈，我马上就睡。"

母亲的脚步声从楼梯上消失了，歌德又兴致勃勃地修改了几处感觉不押韵的地方，这才满意地上床休息。

在梦中，歌德梦见自己长大了，成为了著名诗人，他几乎高兴得笑出声来。

新年很快就到来了，歌德和妹妹，以及自己的表兄弟们一起来到外祖父家玩，他们每人都准备了一份新年礼物送给特克斯托尔先生和林德海默夫人。

表哥送了一幅自己画的画给祖母。

表弟送了一个自己做的小木匣子给祖父。

妹妹科纳里娅拿出自己绣的手帕，把它送给外祖父和外祖母。

特克斯托尔先生和林德海默夫人高兴地接过了孩子们的礼物。

轮到歌德献礼物了，特克斯托尔先生微笑着说："哦，我们的歌德准备送我们什么礼物呢?"

歌德被外祖父问得很不好意思了，他有些不敢将自己的诗拿出来了，但他终于鼓起勇气，将诗拿到外祖父和外祖母的面前念了起来。

这首诗共分两段，每段 12 行，第一段是献给崇敬的外祖父的，第二段是献给外祖母的。内容是祝愿二老新年幸福、健康永驻、万事如意、上帝保佑之类，诗的结尾两句是：

如今你们接受的这些都是处女作，
这支笔今后将更加娴熟。

歌德念完了自己的诗，等待着大人们的评价。

特克斯托尔先生走到外孙子的面前，接过歌德手中的纸，高兴地说："哦，我的孩子，你写得真是太好了！这是我们收到的最好的新年礼物。"

外祖母也走过来，抱着歌德，在他的额头亲吻了一下，说："哦，我们家的歌德原来是个小诗人呢！"

外祖父接着说："孩子，只要你继续努力，你一定会成为全世界最著名的诗人。"

歌德对风度儒雅，总是从容不迫的外祖父很尊敬。据说老人具有预言的本领，他曾成功地预言了自己能当上陪审官以及市长。所以，外祖父在歌德眼中始终有层神秘的色彩，听见外祖父说自己能够成为全世界著名诗人，他开心极了。

不过，还有让歌德更高兴的事呢，那就是，当他的爸爸看到了年仅 8 岁的小歌德能作诗献给外祖父和外祖母后，过完新年，就把儿子带到藏书室，对他说："好的，我的孩子，从今天开始，这个藏书室就属于你了，我把它当作新年礼物全部送给你！"

突如其来的喜讯让歌德喜出望外，他不相信地看着父亲，说："真的吗？爸爸，你不担心我再读你的'禁诗'了吗？我真的可以随便读这里的任何一本书吗？"

卡斯帕尔先生笑着回答："是的，孩子，从前我一直觉得你还太小，不适合读这些书，但从你献诗给你外祖父时起，我改变主意了，或许，多读这些书，会让你的诗写得更好。"

歌德高兴极了，他跑过去抱着爸爸的腰，亲吻他的手，说："谢谢爸爸！"

从这以后，当家里人发现歌德不见了时，总是能在藏书室找到他。

尝试写法语剧本

像所有的德国孩子一样，歌德洗礼后便成为了一名基督教徒。自从妈妈给他讲了关于上帝的故事以后，他对上帝便深信不疑。他的父母自幼要求他阅读《圣经》，听教堂里的布道，恪守所听到的一切教条教规。但歌德同时又是一个喜欢思考的孩子，他希望能够看到真正上帝的出现，并想要和上帝面对面地谈话。

随着歌德逐渐长大，一些事情使他对上帝产生了一些疑问。

首先是 1755 年 11 月，葡萄牙里斯本发生大地震，一个商业发达的美丽的海港大都会，顷刻间灰飞烟灭，沦为废墟，60000 居民葬身火海。

当这个噩耗传到法兰克福时，人们惊慌不已，所有的人都以为是世界末日即将来临。歌德恬静而幼稚的心灵第一次被深深地震撼了，他好奇地询问自己的母亲："妈妈，上帝不是最仁慈、最善良的吗？难道他们都是做了坏事，才得到上帝的惩罚吗？"

对于歌德的提问，卡斯帕尔夫妇不知道如何回答。得不到答案的歌德，在听教堂布道的时候，在心里悄悄问上帝："上帝啊，你是世界上最仁慈的，可您为什么要让那么多无辜的人送命呢？"

上帝没有回答他，小歌德困惑极了。

就在歌德对上帝感到疑惑不解的时候，另一桩事件也在他的心中激起了波澜。那是 1756 年 8 月 28 日，普鲁士和奥地利之间爆发了战争，随后的 1759 年 1 月至 1763 年 2 月，法国军队占领了法兰克福。

法兰克福是一个商业和交通的中心，和当时的罗马、巴黎、伦敦一样重要，正是这些原因，战火才烧到了这里。

在歌德的家中，外祖父特克斯托尔因为曾经接受过奥地利皇后颁赐的勋章，所以很自然地倾向于奥地利，而他的父亲卡斯帕尔则崇拜普鲁士国王，并非常同情普鲁士的遭遇。

随着战事的进展，尽管卡斯帕尔先生并不喜欢与奥地利结盟的法国人，但却不得不眼睁睁地看着自己装修一新的房子住进了一群法国人。

为首的军政长官是皇家少尉多伦伯爵，他外貌严峻，举止凝重，很有风度，具体负责民事和军民之间的纠纷。前来找他办事的人很多，他又爱在住处宴请名流显要，所以从他到来后，歌德的家中就一直人流不息，日夜难以安宁。

虽然，歌德的父亲卡斯帕尔先生会说一口流利的法语，但他不愿和这些入侵者搭腔，更对家中的嘈杂局面感到厌烦。

不过，这新鲜的生活却让歌德好奇，他常常躲在伯爵的住处偷看伯爵的行动，当他发现多伦伯爵不肯把自己的地图钉到墙上，而直接摊开在桌子上看的时候，歌德不禁悄悄跑到伯爵身边，向伯爵询问："伯爵先生，您为什么不把地图钉到墙上呢？这样看起来不是更方便吗？"

多伦伯爵回答说："可是，孩子，如果把它们钉在墙上，会破坏掉你家美丽的新墙壁的。"

听了伯爵的话，歌德变得由衷地喜欢他，而多伦伯爵也喜欢上了这个可爱的孩子。

多伦伯爵很有艺术修养，尤其钟情绘画，歌德家的画室引起他的浓厚兴趣，入住第一天他就进去观赏。不过，他的这种爱好并没有得到一样爱好画画的主人卡斯帕尔的好感。

参观完了歌德家的画室以后，多伦伯爵把法兰克福全城有名的画家请来作画，将歌德住的阁楼用作画室。

在布置优雅、光线充足的阁楼上，歌德目睹了荷兰画派的希尔

特、苏兹等人的绘画情形。

当时，歌德因能当场说出宗教题材绘画中的寓意，受到这些成名画家的称赞。也正是因为如此，使得歌德从小就认识了很多有名的画家，并经常与他们来往。

法国军队的占领也给法兰克福带来了法国戏剧，作为市长的特克斯托尔先生常常可以得到免费的戏票，疼爱外孙的他总是让人把门票送给歌德去观看。

卡斯帕尔先生是不同意儿子接触到法国文化的，但聪明的歌德总能找到各种理由，溜出家去看戏。

由于歌德不懂法文，在他欣赏法国戏剧的时候，很多台词他都不懂，他便根据演员的动作和表情来分析剧情，揣摩情节，常常看得如痴如醉。

在剧院看戏的日子里，歌德看过喜剧和悲剧，其中令他印象最深的是勒美尔的悲剧《记性不太好的人》、卢梭的小歌剧《乡村的仆者》。此外，他还看过狄德罗的《家长》和帕利苏特的喜剧《哲学家》，并因此轻而易举地学会了从未学过的法语。

随着对戏剧的着迷，歌德越来越想弄清楚演戏的内幕。一天，他结识了一个名叫德洛奈斯的小演员，歌德用结结巴巴的法语请求德洛奈斯把自己带到后台去。

这要求很快就获得了同意。歌德和德洛奈斯来到后台，进到演员们的化妆室。这时，他才发现，原来舞台上那么美丽的女子，原来是一个小伙子扮演的。歌德感慨地想："原来演员都是我们普通人扮演的呀！"

从小演员的口中，歌德逐渐洞悉了戏剧效果的制造方法，并知道了真正伟大的不是这些演戏的演员，而是能够写出剧本的人。

这个发现让歌德太震惊了，年方 11 岁的歌德也想成为能够写出剧本的人，他甚至想象着自己的剧作海报，粘贴在街道和广场的四周。

有了这个想法，歌德就立即行动了，他把自己关在房间里，拼拼凑凑地写了一个法语剧本。

当歌德将由他独立完成的剧本交给他的父亲时，卡斯帕尔先生吓了一跳。本来由于看戏回家太晚，准备责骂歌德的卡斯帕尔先生，现在见到儿子居然用很不成熟的法语写出一个剧本时，心中异常惊讶，他为执迷于法语剧的儿子在法语上取得的进步感到欣慰，从此，他再也不责备歌德看戏了。

有了父亲的支持以后，歌德不仅看法国剧，还读拉辛的剧本，钻研法国的戏剧理论，如高乃依的《论三一律》之类的书，甚至还与其他的孩子合演拉辛的剧作《不列颠》，他扮演剧中的尼罗王，他妹妹扮演阿格里宾。

少年时代的歌德就在这样的氛围中开始了他向文学艺术高峰的攀登。

多种素质的培养

1761年6月，法国军队终于退出了法兰克福，没有了外人的骚扰，歌德也恢复了正常的学习。卡斯帕尔先生重新开始督导子女的学习和生活。除了语言文字外，他又为孩子们增加了数学、音乐和绘画课程，并亲自请来了教师给歌德兄妹讲解、指导。

这些课程都是作为一个贵族家庭的孩子必须学习的，尽管卡斯帕尔先生自己不是贵族，但他却希望自己的孩子们能够像贵族一样生活。

卡斯帕尔先生对子女的学习要求有所侧重，认为女孩子应该多懂些音乐，如果在晚会上，自己的女儿能给大家弹奏几首优美的钢琴曲，那会是很优雅的事。

为此，歌德的妹妹科纳里娅每天必须花更多一些的时间守着父母为他们新买的一架大钢琴。

至于歌德，卡斯帕尔先生觉得他必须要学会绘画。据说，十五六世纪的神圣罗马帝国皇帝马克西米利安一世曾经颁布过一道命令：每个人必须学会绘画。卡斯帕尔先生很赞同这位大皇帝的主张，所以，他对儿子学习绘画非常上心。

歌德学习语言很有天赋，在短短几年里，他学会了多种外国语言。为了提高学习的兴趣和水平，他还虚构了一篇故事，讲述一家六七个兄弟姐妹的故事。他们散处在世界各地，彼此通信，使用的都是当地或适合本人职业的语言。

大哥用漂亮的法文汇报旅行中的各种见闻和故事；妹妹用闺阁体答复她的兄弟；一个兄弟研究神学，用拉丁文写信还附有希腊文的附言；一个兄弟在汉堡做店员，用英文写信；一个兄弟在马赛，自然用法文；用意大利文的是一个初出茅庐的音乐家；最小的弟弟活泼可爱，但他却使用的是犹太人讲的德语。于是，一封封用英语、德语、法语、意大利语、拉丁语、希腊语和犹太人德语写的信构成了一篇妙趣横生的小说。

为了使小说逼真，歌德又认真学习了人物居留地方的地理、风俗和人情世态。这样，他很快知道了自己在学识和创作技巧上缺乏什么，进而有选择地去进行学习。

为了写好犹太人的德语，歌德认为必须学会迦南地的通用语言希伯来文。因为，现代的德国犹太人所用的特异的语言，本是古希伯来语的讹误与歪曲。

歌德向父亲讲述希伯来文对自己的重要性，并希望父亲能够帮他找到一个懂这种语言的老师。在本市中学校长阿布勒喜特的帮助下，歌德终于攻克了希伯来文，并转入对《圣经》、对神话学、对游牧民族的历史及原始生活的深入研究，由此增长了很多历史和宗教知识。

歌德在如饥似渴地钻研古代神话、历史和宗教的同时，还开始学习骑术和击剑。

他先是从师一位法国教师学习剑术。这位教师以进退灵活的步法和轻捷快速的刺击取胜，刺击时常伴随着几声吆喝。而法兰克福城内另有一名德国教练，教学方法则迥然不同。

歌德和这位德国教练的弟子都觉得自己的师父更厉害一点，便要求这两个武师比武，结果，歌德的法国老师大败。于是，歌德和另外几个同伴便改拜德国教练为师。

由于歌德和同伴们对先前的刺击方式已经习惯，所以他们的剑术常常不能使新师父满意，经过了很长的一段时间，歌德才将先前的击剑习惯改变。

在歌德的学习中，他的家人唯一遗憾的是他对音乐方面没有什么天赋，但他的父母并不放弃。为了提高音乐鉴赏力，卡斯帕尔先生常常要求歌德去听音乐会。

在他 14 岁的时候，他听说有一个 7 岁的音乐神童莫扎特要在美茵河畔法兰克福演出，这让歌德惊讶极了，他立即买了票前去观看。

莫扎特小小的个头，小小的手，小小的脑袋，穿着小小的黑色礼服，那么专注地弹着那架黑色的大钢琴，在他的双手翻飞之间，一连串美妙的旋律从钢琴里飘出。

歌德仔细地听着，完全陶醉在乐曲里。他对莫扎特真是佩服极了，演出结束后，歌德跑到莫扎特面前祝贺，并对他说："你演奏得真是太精彩了，可我总学不好。"

莫扎特天真地为歌德建议："为什么？你再试试看，你再试试看，如果不行，那你就去作曲吧！"

歌德根本就不会作曲呀，他为难地说："作曲应该更难吧，但我会写诗……"

莫扎特不会写诗，他说："那挺有趣，写诗大概比作曲还难吧？"

歌德高兴地说："不难，容易极了。你也可以试试……"

听完音乐会以后，歌德决定接受莫扎特的建议，回家主动坐在那架大钢琴前，再次试试看。可是，同样的曲子，莫扎特弹起来，就是那么美妙，而歌德弹起来，就怎么也不好听。

歌德自我安慰地说："看来，我真的不是弹钢琴的料。不过，我还是可以做许多别的事情的。"到后来，尽管他没有学会弹钢琴，但学会了弹一种老式的钢琴大键琴和拉大提琴。

卡斯帕尔先生对歌德一点儿也不娇惯。在学习上，他要求严格，在生活上，他常常让年幼的歌德办些力所能及的事情。

少年歌德帮父亲做得最多的事情是到画家那里去催促订下的画。

卡斯帕尔先生认为绘在木板上的画要比绘在布上的画好得多，因此他喜欢收藏各种优美的槲木板画。他不惜钱财收集年代久远的陈旧木板，并叫细木工匠仔细地把它们胶接、刨光，然后把它们放在楼上一个屋子里，一直晾干定形。

等到木材不会变形后，卡斯帕尔先生才会将其交给一位工艺画家，让画家在槲木板上画上一些美丽的花。

歌德的任务就是帮着画家采花，他非常愿意做这件事，每次都能准时将花儿采集回来，把它们插到花瓶里。

有一次，歌德偶然捉到一只小耗子，就把它拿到画家那儿去。画家把小耗子当作是一个可供观赏的小动物，高兴地用它来写生。

但这只小耗子是一只喜欢运动的动物，它不停地跑来跑去，让画家很难画好它的形象。为了让耗子老老实实地待在那里让画家临摹，歌德便想了一个好的办法。他找来几根麦穗，放在插着花卉的花瓶下面，让小耗子尽情地去吃。这样，画家就画出了一只小耗子偷食麦穗的栩栩如生的图画。

画家的这幅画受到了卡斯帕尔先生的高度赞赏。以后，爱思考的歌德又分别找了些蝴蝶、甲虫等小昆虫来让画家写生。就这样，一件枯燥的差事，被歌德做得兴趣盎然。

画家诺特·拿格尔创立的制造蜡布的工场，也是少年歌德喜爱去的地方。诺特是一个熟练的艺术家，但是比起搞美术来，他更喜欢经营工场。

在一个很大的院子和园子内，诺特·拿格尔制作各式各样的蜡布。他制作的有以刮铲着色的用于遮盖货车和类似用途的蜡布，有印

花的壁衣，还有较精致和最精致的蜡布。

在后一种蜡布上，是由熟练的工匠以毛笔画上中国式写意的花卉、人物或风景，成品非常美观。蜡布上无穷无尽的花样，引起了歌德极大的兴趣。

这些外表粗犷的工人，能够让一块平凡的蜡布变成一件妙趣横生的艺术品，这让歌德觉得十分惊讶。他很快和工人们熟悉起来，并学着亲自动手制造蜡布，以此体会劳动和创造的快乐。

少年时代的歌德，除了受到家庭的种种影响外，由于其独特的家庭背景，他还接触了许多法兰克福的上层人物，受到了他们潜移默化的影响。

法兰克福市的陪审官冯·奥伦斯拉格先生，是一个英俊、乐观、热情的人，他特别喜欢歌德，常向歌德介绍自己的爱好和兴趣。他给歌德讲各种各样的戏剧和剧情，歌德从他那里知道了很多剧作家和剧作的名字。

奥伦斯拉格先生建议歌德在少年时代学习演戏，这样能给自己留下很多美好的回忆。但他同时认为，不能把演戏当作是自己的终身职业，他希望歌德长大后能够成为宫廷中的大臣，这样他就能穿高贵的衣服，并拥有很多的权力。

旧贵族出身的冯·莱纳克，是个能干而固执的人，他常在家中宴请老朋友，而且每次都邀请歌德参加。他爱和歌德聊天，喜欢给歌德详细描述世界各地和德国的风土人情，并建议歌德长大了去做一名优秀的外交官。

皇室顾问官许士根先生相貌丑陋，但其穿戴却异常整洁。他是个优秀的法学家，能够熟练地在法兰克福和帝国法庭执行律师的业务。歌德因和他的儿子一块儿学写字，所以常上他家。

许士根也爱和歌德闲谈，他信奉巫术，爱看神秘哲学著作，并向歌德力荐，他对歌德说：“我发现连上帝也不是完美的呢?”

歌德对他的说法立即表示赞同，并说："是的，我也发现了，他总是让一些无辜的人无故地死去。"

许士根感觉自己找到了知音，因为当时还没有人敢这样对上帝不敬呢！通过长期交往，他建议歌德长大了和自己一样也做个法学家，他对歌德说："法律既可以使你自己和家人免受歹徒的加害，又可以帮助弱小的人，以及惩罚恶人，这是多好的职业啊！"

许士根非常关心歌德的前途，他甚至将这些建议告诉了卡斯帕尔先生。卡斯帕尔先生同意许士根的意见，但有自己理想的歌德对每个人的建议都付之一笑，他认为，自己难以放弃当诗人和当剧作家的梦想。

尽管如此，对这些关心自己的人，歌德一直都心存感激，他在自己的自传性著作《诗与真》中记载：

与这些人进行种种的谈话不是没有意义的，每一个人对我都各有其特殊的影响，每个人对我都像对他自己的孩子那样关心，甚至还深切一点。他们都想把我当作他们的爱子去培养，并以我而增加他们的快乐。

他们建议我做各种可以谋生的工作，但对我最有吸引力的，就是能够戴上诗人的桂冠。

求学的磨砺

不幸对于一个意志薄弱的人而言，是偷懒享乐的好机会，但对于一个要求上进的人来说，却是利用时间、大有作为的天赐良机。

——歌德

进入莱比锡大学

随着歌德一天天地长大，卡斯帕尔先生从儿子超人的天资和早熟的智能中看到了天才的灵光，他迫不及待地期望儿子能够早点进入到大学里去学习，当歌德年满 16 岁的时候，他正式向儿子提出了这个建议。

这天，卡斯帕尔先生把儿子叫到面前说："歌德，我的孩子，祝贺你今天年满 16 岁了，这就意味着你已是一个成年人，而不再是一个小孩子了。从现在起，你要学会去做一个男人应该做的事，当然，你应该首先学会独立，这是你成为一个大男人必须要走的第一步。"

歌德高兴地回答："谢谢爸爸，我一定会努力的！"

卡斯帕尔先生接着说："我听说最近你跟许士根先生走得很近，他告诉我，你似乎对法律很有兴趣，我准备让你去我的母校莱比锡大学专修法律，怎么样？"

"可是，爸爸，"歌德为自己辩解着，"我觉得自己更喜欢诗歌和文学，如果能够让我去哥廷根大学学习古典文学和历史，这才是我所希望的。"

卡斯帕尔先生不同意歌德的要求，他坚决地摇摇头，说："诗歌和文学可以当作你的业余爱好，它们可以使你变得高雅，但它们却不能作为你的职业，如果你把法律学好，那么将来你一定能够成为一个优秀的法学家，这是我和你的母亲，以及你的外祖父和外祖母都希望看到的。"

歌德不敢违抗爸爸的意思，听到父亲这么说，他只好默认同意了，他在心里想：至少到外地上学，他可以过上独立的生活，这也是

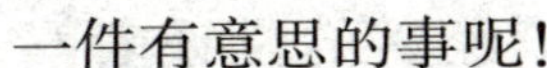

一件有意思的事呢！

1765 年 9 月 29 日，是基督教纪念米迦勒天使的节日，这一天，歌德满怀新的憧憬，和书商弗莱舍尔一起前往莱比锡城。

莱比锡和法兰克福一样，是一座庄严美丽的城市。比起法兰克福来，它显得更繁荣和富足，充满时代的气息，有着“小巴黎”之称。

歌德呼吸着莱比锡城的空气，觉得格外清新，就连天空中小鸟的叫声，也显得格外清脆。他觉得自己就像飞出牢笼的小鸟，是那么的自由、快乐。

摆脱故乡和父亲的束缚，使歌德感觉到异常的轻松和自由，今后，他不仅在生活上，还要在精神上追求个性化的发展。虽然他没有如愿地去哥廷根大学学习古典文学，但他对新生活仍然充满憧憬。他在到达莱比锡半个月后，情不自禁地写下一首小诗自娱，诗的内容如下：

像是一只小鸟，
在美丽的树林里，
在枝杈上，
逍遥地摇曳，
安逸地享受着浓郁的乐趣，
鼓起自己的双翼，
在树丛中啁啾着跳来跳去。

然而，歌德愉快的生活很快就投上了阴影，让他不快乐的事情接连发生。首先是他的穿着遭到了同学们的嘲笑。他穿的是旧式的衣服，这些衣服是父亲为了省钱，请裁缝在自己家里做的，它们样式古老，没有现代美，显得非常土气。于是，歌德上街买了一大堆新式衣服，通通换上时装，让他的同学们吃了一惊。

其次是他说的南德方言令他难堪。由于《圣经》的翻译者马丁·路德说的是迈森方言，所以，当时德语以迈森方言作为基础，于是歌德不得不“长期忍受这样的管教”，矫正发音和文句。

尽管如此，3 个星期以后的一天晚上，歌德依然带着新入学的兴奋心情给家里写信，信的内容如下：

今天我开始上课，我选了很多的法律学课程，如法学提要、法学史、优帝法典以及法典前 7 章和后 7 章的专题研究课等，下星期还要增加哲学和数学。

其中，政治史由伯麦教授讲授，欧内斯蒂讲授西塞罗的关于演说家的对话，不过，我觉得他们讲得并不好。

我在这儿颇出风头，但目前还没有达到招摇的程度，我也不想这样。我要想点办法才能自如地应对这种繁忙的生活。

这阵子聚会、音乐会、喜剧、请客、晚宴、乘车旅行等活动真不少。哈，真有意思。好是好，但也真费钱，不过，我会把一切都处理好的。

寻找新的进修方法

在别人眼里，歌德似乎是个纨绔子弟。他身着奇装异服，神态傲慢冷漠，时常出没于当地上流社会的沙龙，似乎对一切都感兴趣，又似乎对一切都不满意。

人们并不知道，在歌德这一副冷面铠甲的背后隐含着他对知识和高尚人格的孜孜探求。

事实上，通过一段时间的校园生活，歌德已经感到，改变自己的装束和语调进入莱比锡的上流社会，并不能使他获得期待已久的学问和智能方面的进步。歌德觉得，大学里的课程大多是老生常谈，就拿他并不喜欢的法律学来说，教授所讲授的正是他从父亲那里早已经学到的。

有了这些想法以后，歌德最初进入大学的新鲜感逐渐消失了，他开始重新寻找新的学习和进修方法，并广泛地接触莱比锡的科学和艺术界人士。

歌德首先拜访的是爸爸的朋友曾经为他推荐的宫中顾问官博麦教授，他想："也许，这位讲授历史和宪法的教授可以根据他的阅历，给我一些正确的指点呢！"

歌德被自己的想法鼓舞着，他从箱子里找出爸爸的朋友为他写的一封介绍信，再亲自挑选了一件自己认为最合体的服装穿上，向教授家走去。

歌德彬彬有礼地敲开了博麦先生的房门。博麦先生和他那位温柔和蔼的夫人接待了他。

在同教授的交谈中，歌德表露了自己不愿意学习法律而有意学习文学的意图，不曾想这位教授先生对一切带有文学气味的东西都表示厌恶。博麦反对语言学和美术，给了歌德当头棒喝。

博麦夫人受过良好的教育，歌德希望自己对文学的追求能够得到她的理解和支持。但令歌德失望的是，当他将自己作的诗隐瞒了名字向博麦夫人背诵时，同样没有得到博麦夫人的支持。

博麦夫人坚决不允许歌德写那些模仿的肤浅的诗，这个建议，差一点毁掉歌德的诗歌前程。幸好，歌德的自信战胜了别人的意见，博麦夫人的阻拦不久就被他弃之一旁了。

歌德还去拜访了当时的著名作家兼哲学和文学教授格勒特，他的作品不仅是当时文学的范例，而且奠定了后来德国道德的文化基础。但他只喜欢散文，认为诗歌是一种不自然的额外负担。他的讲课非常受学生欢迎，他以一种微哑而沉郁的声调传达他的优美的灵魂、纯洁的意志以及对于公众幸福的关心，很能打动人。

当时，歌德的文学作品总是照着自己的套路，拿一个小传奇当引子，以书信体的形式写出来。格勒特对他的这种写法并不喜欢，但他对歌德的这些文稿却批改得非常认真，在很多地方都添上了一些涉及道德的评语。

歌德把这批作业保留了许久，直至后来，格勒特总是遭人非议，歌德便不去拜访他了。

1766 年 4 月，歌德与从法兰克福到莱比锡的朋友、后来成为他妹夫的施罗塞尔一起拜访了德国伟大的诗人、戏剧家戈特舍德教授，歌德在他的《诗与真》中记述了当时的会面情景。歌德写道：

> 我们叫仆人替我们通报，仆人领我们到一间屋子内，他说，主人马上就来。我们是否看明白他所做的手势，我说不清；不管怎样，我们相信他是指一间隔壁的屋子，让我们进去。

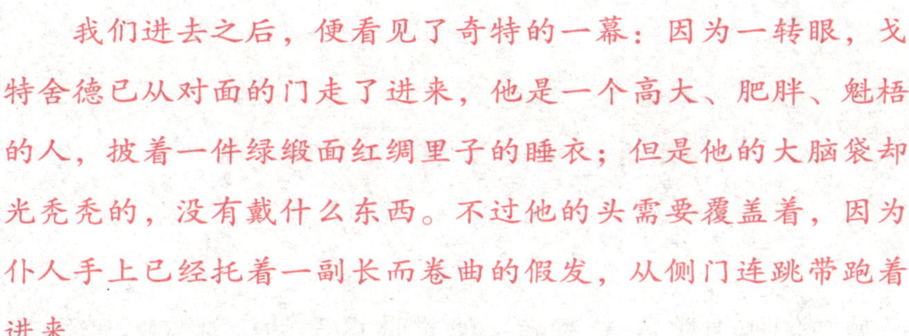

我们进去之后，便看见了奇特的一幕：因为一转眼，戈特舍德已从对面的门走了进来，他是一个高大、肥胖、魁梧的人，披着一件绿缎面红绸里子的睡衣；但是他的大脑袋却光秃秃的，没有戴什么东西。不过他的头需要覆盖着，因为仆人手上已经托着一副长而卷曲的假发，从侧门连跳带跑着进来。

假发一直垂至肩膀，仆人以恐惧的姿势把假发递给他的主人。戈特舍德没有露出一点不快，但当他用左手从仆人的手上拿起假发，很熟练地披到头上后，便用右掌赏给这个可怜的人一记耳光，以致这个仆人像在喜剧中所常见的那样从门口滚了出去。跟着，这个有名望的老翁很严肃地坚持请我们坐下，很客气地跟我们开始交谈。

歌德之所以这样形容当时德国最伟大的诗人，是因为他对这样一位伟大人物的失望，他有些担心当自己也成为一个诗人之后，会不会变得如同戈特舍德教授一样。

歌德拜访完了戈特舍德教授以后，有很长一段时间，他几乎对文学失去信心，他困惑地发出这样的叹息：“真没想到文学的最高境界是这样的，那么，真正的优秀的文学作品的标准是什么呢？莱比锡啊，莱比锡，你究竟能给予我什么呢？”

想到周围所有的人都反对自己的爱好和倾向，歌德的心情真是糟糕透了，他决定不再搞写作了，他将自己所有从前写的诗都找出来，丢到壁炉里烧了起来。燃烧的纸散发出滚滚浓烟，呛得歌德流出了很多的眼泪，善良的房东太太发现了他的做法，为歌德端出了一些食物。

歌德从房东太太那里感受到了类似母爱的东西，让他有些想家。

醉心于诗歌的创作

歌德在创作上陷入了困境，他感觉自己的生活突然变得灰暗起来，就在他苦闷彷徨的时候，出现了一个为他指点迷津的人。

这个人就是宫廷教师恩斯特·沃尔夫冈·伯里施。

伯里施是在1760年到莱比锡的，他经格勒特介绍充当林登瑙伯爵公子的私人教师。通过格勒特的介绍，歌德认识了这个世界上最奇特、最怪僻的人。

歌德第一次见到伯里施的时候，这样形容他："他的外表够特别的了。瘦高个儿，健美的体型，大大地过了30岁，鼻子很大，面部线条分明，从早到晚戴着一团假发。他穿着整洁，身佩短剑，腋下夹着帽子。"

歌德对这位伯里施先生的外表感到实在好笑，但当他与伯里施谈话后发现，伯里施不仅学识渊博，而且精通现代语言和多种文字，这些才华让歌德由衷地佩服。歌德很快就和伯里施熟悉起来。

这个大歌德10岁的怪人虽然经常对当代一些作家的作品进行嘲讽，可是，他对于歌德却很亲切和宽容。

当歌德把自己决定放弃文学的想法告诉伯里施以后，伯里施用温和的语调鼓励他："或者你并不像自己想象的那么糟，我觉得，并不是你缺乏写作的才能，而是你缺少一个发现你的人，这样吧，把你的诗作都拿到我这里，让我看一看。"

歌德对伯里施的鉴赏力非常信服。可是，接二连三的打击使他对自己的作品怀疑起来。所以，当他把自己的诗稿交给伯里施的时候，他几乎用哀求的口气说："答应我先生，这些稿子只能您一个人看，

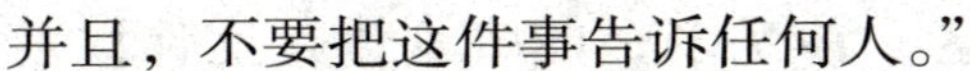

并且，不要把这件事告诉任何人。”

伯里施向歌德郑重地保证之后，歌德这才放下心来。

伯里施对歌德的作品很是宽容，尽管他对歌德用当时流行的阿那克里翁风格所写的诗作没几首看得上眼，可他却从这些模仿的诗歌中看出了歌德的潜在才华。

伯里施遵守诺言，没有把这些诗歌拿给任何人看，他用自己漂亮的字体为歌德抄写起诗集来。

几天以后，伯里施交给歌德一本《安娜诗集》。歌德惊讶地发现，这是一本最优美的诗集。诗题用古代德国字体，诗正文用一种垂直的萨克森字体，在每首诗的末尾，都绘有一幅与本诗内容切合的装饰画，这些画或是挑选来的，或是自己创作的，所需的木刻和铸版的阴影线，他都能够纤巧地描绘出来。

虽然没有一句评语，可当歌德看到自己的诗作被抄写得如此精美时，他还是很激动，因为，这足以看出伯里施对自己诗歌的重视。这就是最好的鼓励和赞美，这些鼓励重新激起了歌德写诗的热情，他觉得自己再也放不下诗歌了。

伯里施当然知道歌德诗歌的缺点，可当他看到歌德那双热切而又敏感的眼睛时，他没有说出对诗歌的看法，他在心里说：“此时的歌德最需要的是找回自信，而不是批评。”

歌德又开始写作诗歌了，伯里施选择恰当的时机告诉歌德：“诗歌这种东西不是信手涂抹的，时间、才华和功夫都是不能缺少的。好的诗歌能经得住推敲，即使时代变了，它也依然能够唤起读者的热情。”

歌德认真分析了伯里施对自己的谈话，他终于发现，用流行的阿那克里翁式或者用说教式的手法写作诗歌，是不能写出好作品的。由此，他的诗歌开始向抒情诗的方向发展。

对于歌德诗歌上的变化，伯里施恰到好处地在一旁加以表扬，他评价歌德的一首诗时说："看呀，这一首是多么的率真呀，比你以前的诗都要好呢！"

歌德听了，快乐得像林子里自由飞翔的小鸟，而他的诗作，也像夜莺的歌唱，变得越来越清新，越来越优美。从此以后，他和伯里施之间，建立了牢固的友谊，他们长时间地沉浸在写诗与抄诗的乐趣之中。

遗憾的是，歌德和伯里施的这种友谊很快就因一场变故而结束，它使歌德的生活又一次陷入了低谷。

这场变故的起因是莱比锡的著名作家克罗狄阿斯教授创作的一部迎合市民口味的夸张的剧作《梅顿》。这部剧作一经上演，立即就受到了广大市民的追捧喝彩。

歌德和伯里施也去看了这部戏剧，他们看完后觉得主角的一本正经和善良之举很可笑，而克罗狄阿斯自己的创作实践与批评主张之间的不契合也令人恼火，于是歌德和伯里施等人一起发表了模仿克罗狄阿斯的打油诗《致面包师汉德尔》表示反对。

这下可激怒了著名的克罗狄阿斯教授，同时也激怒了和他一样自高自大的保守作家，他们寻找根源，认为是歌德的老师伯里施对学生的怂恿。

作家们给伯里施的雇主伯爵施加压力，伯爵解雇了伯里施。经过了这场意外的变故，伯里施只好离开莱比锡。幸好，伯里施的学识和才能还能得到另一些社会名流的敬重，经过另一些人的推荐，他又被时称"王侯中的凤凰"的德绍公爵聘为家庭教师，受到一个更加优越的宫廷家庭的青睐。

但歌德却失去了一个可以指导、帮助自己的良师益友，他觉得那些保守作家的做法对伯里施很不公正，出于义愤，歌德连夜写了一首颂诗献给伯里施。诗的内容如下：

你甘愿离开，
这可憎的国土，
即使我的友谊和花环
也不能把你留住。
撕碎那花环吧！我不会责怪。
没有任何高尚的朋友，
能够阻止，
一位难友的逃走。
在监狱里，
他这样想：
朋友的自由，
和他的一样。
你走了，我留下，
但这几年的轮辐，
绕着冒烟的轴，
转动得多么迅速。
我数着轰鸣的轮子，
声声冲击的次数，
门闩迟早会被砸落，
那时我和你一样摆脱束缚。

培养对艺术的爱好

伯里施的骤然离去使歌德的生活再次陷入混乱，他绝望地望着自己的诗稿，伤心地流下泪来："哦，伯里施，伯里施，你让我该怎么办，以后谁来帮助我呢？"

歌德把自己关在屋里，因为思念伯里施而新作了很多诗，但是，那有什么用呢？他的朋友们来找他，歌德把自己新写的作品拿给朋友们看，朋友们都不懂诗歌，他们无奈地向歌德耸耸肩，对他说："歌德，我觉得你应该到外边去走走，你看，外面的景色多么美好啊，为什么你一定要坐在这里写一些没有用处的东西呢？"

朋友们的话太伤歌德的心了，他生气地对朋友们说："难道你们看不明白吗？这些都是我的心血啊！"

歌德丢下朋友们，独自跑到普雷塞河河边，什么也不愿意干。

使歌德再次振作起来的是莱比锡画院院长奥塞尔，歌德第一次见到他即被深深吸引。

歌德是在想放弃诗歌写作的时候遇上奥塞尔的，歌德想，既然大家都觉得写诗不好，那么或者我可以改行学习绘画呢？就这样，歌德找到了大学里最著名的绘画学院院长奥塞尔。

这天早晨，歌德是奥塞尔教授课堂上最早到达的学生，这节课教授讲的是造型艺术。

奥塞尔教授温文尔雅，长着一副优雅的、女性般的脸庞，他讲的课就像涓涓的溪流，沁入了歌德的心田。

奥塞尔观察了歌德一段时间以后，觉得歌德是可以被培养成一个优秀的画家的。

歌德也很喜欢这位教授，他发现，教授不但学识渊博，而且见解也很高超，更重要的是奥塞尔一点儿也不反对歌德有着写诗的爱好。

直至这时，歌德才明白，自己真的是太爱诗歌了，当他高兴或者悲伤的时候，他想做的第一件事，就是用诗歌把自己的情感表达出来。

在一堂美术课上，歌德突然对在木板上烙画发生了兴趣，他对奥塞尔教授说："教授先生，我想学习在木板上烙画，你认为我该从哪方面入手呢？"

奥塞尔教授笑着说："哦，你应该首先学习一下铜版雕刻，关于这个，我或者可以把约翰·米夏埃尔·施托克介绍给你。"

但是，当歌德学习了一段时间铜版雕刻以后，他发现自己对诗歌仍然没有忘怀。一次，歌德完成一幅油画后，情不自禁地在奥塞尔教授的课堂上朗诵起了自己新作的诗歌。

全班同学都以为奥塞尔教授会大发雷霆，可教授却笑容可掬地走到歌德的身旁说："我不是很懂诗歌，但我听得出来，你的诗很优雅、很美。不过，我要告诉你，凡是艺术都是相通的，你可以了解一下绘画艺术，它也许对你的诗歌有帮助呢！"

为了提高歌德的艺术修养，奥塞尔教授让歌德学习温克尔曼的著作。

温克尔曼是艺术史家，是德国古代美术史的开山鼻祖。奥塞尔教授很推崇他。歌德认真读了温克尔曼的《谈希腊的绘画和雕刻作品的模仿》、《信札》、《释义》等著作。

莱比锡培养了歌德对艺术的爱好，同时也给了17岁的歌德爱的激情，从1766年起，歌德常常在舍恩科普夫酒家吃饭，从而结识了店主的女儿安娜·卡塔琳娜·荀科普。

歌德亲切地称姑娘为小安妮特，他们深深地相爱了。可是，安妮特认为歌德过于认真，过于冲动，并不理解她，于是两人最终分了手，为此，歌德痛苦极了，他不知道该怎么从失恋中走出来。

后来，在一位神学院朋友的指点下，歌德离开了莱比锡，找到一位幽默风趣的老鞋匠。

鞋匠很和气地接待了远道而来的歌德，他看完歌德带的朋友的介绍信和歌德写的两个新剧本，微笑着对歌德说："我从你的剧本中看出，年轻的先生，你是一个奇怪的基督徒。"

"为什么这么说呢？师傅。"歌德显得有些莫名其妙。

鞋匠解释说："我说的奇怪不是坏的意思，人们把不像他自己的人就称作奇怪，我称你为奇怪的基督教徒，是因为你在一个剧本里承认自己是主的信徒，而在另一个剧本里却不是。"

歌德请他说下去，他接着阐述自己的观点："看起来，你想给穷苦人和下等人宣布一个福音；这好啊，这样模仿主是值得赞许的；但是你该知道，主喜欢和养尊处优的阔佬坐在一起，那儿一切顺遂，而且他自己也爱闻凤仙花的香味，而你在我这儿能闻到的只是相反气味。这不是你的奇怪之处吗？"

歌德会意地笑了，他把自己遇到的感情困惑说给老鞋匠听。

老鞋匠想了想，告诉歌德说："我年轻的时候就给人家修鞋，在我的鞋摊前，经常有一个美丽的姑娘经过。她是一位有钱有地位人家的女儿。她每次经过时，我的心就跳得很厉害，觉得生活整个儿都充满了阳光。这种时光整整持续了一年。后来，那个姑娘出嫁了。我伤心了一段日子，慢慢地把这段经历埋藏在心里，并衷心地祝愿这位姑

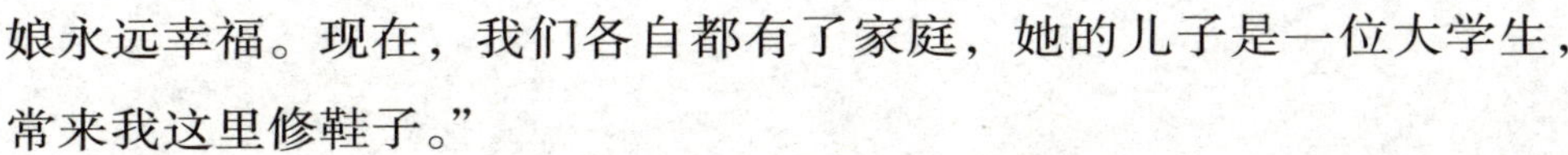

娘永远幸福。现在，我们各自都有了家庭，她的儿子是一位大学生，常来我这里修鞋子。”

听过这里，歌德好奇地问：“那么，那个姑娘知道你的心事吗？”

“当然不知道。不过，这并不重要，重要的是你为自己喜欢的人的幸福而高兴。”老鞋匠平静地回答。

“你真是太高尚了。”歌德赞扬说。

“这并没有什么。换了是你，也会这么想的。”老鞋匠依然平静地说。

老鞋匠的爱情故事，让歌德想起了莱比锡的安妮特，那个让他快乐又让他痛苦的姑娘。歌德陷入了沉思：爱一个人，并不一定非要让她知道，也并不一定非要赢得她的芳心，只要她能快乐地生活，就没有什么好遗憾的了。他感到自己的境界应该像老鞋匠那样。想到这里，歌德的心情豁然开朗。

带着愉快的心情，歌德去参观了当地的画廊。画廊里有意大利和荷兰画家的作品。这里的作品让歌德流连忘返，他尽情地在艺术的海洋里徜徉。

每到傍晚的时候，歌德就去拜访老鞋匠，和他谈天南地北的事，有时也谈艺术。每个老人都是一本书，虽然老鞋匠不懂艺术，可是总能说出自己独到的见解，这使歌德受益匪浅。

安妮特姑娘给歌德带来的阴影慢慢地消失了，歌德因为不能写出优美诗歌而产生的焦虑情绪也慢慢地平静下来了，朝气蓬勃的歌德告别了老鞋匠，重新回到了莱比锡。

病休期间的探索

当歌德重新回到莱比锡的时候，大家发现，他精神振奋、容光焕发，像变了一个人一样。

他对创作的热情更高了。不仅如此，他每天还去参加业余戏剧演出，苦练绘画本领，就这样过了两个月，歌德突然病倒了。

一天夜里，他剧烈地咳血，脖子的左边也突然长出了一个肿瘤。他以为自己得了肺病而来到医院，医生们的诊断却相互矛盾。这使歌德一连几个星期都卧床不起。

其实，歌德的这次病倒不是偶然的，早在他离家上学前，他的心情就一直很忧郁，去莱比锡的途中胸部又受了伤，而后来的一次坠马经历更使他胸痛加重。再加上病倒前，爱情上的打击，饮食的不当，整天地伏案写作，以及洗冷水浴、受风寒等一系列的因素，终于使他的身体被摧垮了。

歌德卧病在床，幸好有奥塞尔教授的女儿弗里德里卡照顾他，给他不少安慰，使他的心情不至于太忧伤，也使他不至于太绝望。

时光荏苒，不久，歌德满 19 岁了。这一天，他拖着病体，登上邮车回到了家乡。

本来想培养儿子成就一番事业的父亲，站在楼梯上见到儿子拖着病体回来，不免大失所望。母亲见到儿子生病，瘦得不像人样，既伤心，又心疼。

最欢迎歌德回来的，是他的妹妹科纳里娅，她认为在家庭中唯一能和自己说到一起的就是哥哥。

自从歌德离家上学，父亲卡斯帕尔先生把自己好为人师的癖性全部施展到女儿身上。繁重的学习和功课压得科纳里娅喘不过气来，正常的社交和娱乐都被取消，她很自然地怨恨起自己的父亲，现在，自己思念的哥哥回到了家中，科纳里娅自然欣喜不已。

在她的眼里，哥哥是一个才华出众的人物，科纳里娅很崇拜他，她精心地照料哥哥，使歌德的身体渐渐康复。

原来，歌德得的并不是肺病，只是严重的咽喉炎。歌德静静待在自己的阁楼上养病，他经常穿着睡衣，坐在房间里看书，整理自己在莱比锡期间的作品。

在这期间，歌德开始用化名发表自己的作品，但是，他还是一个病人，他的精神状态远还没有恢复。不久，他的咽喉炎还没有完全好，却被又一种病魔击倒了。

这一次，他患的是严重的肠胃病、消化系统故障，医院的医生对此束手无策，歌德以为这一次自己是死定了。

在这危险的关头，焦急万分的母亲逼着医生拿出他的万灵药来。原来，这位内科医生信奉炼丹术，秘密自制了一些药品，谁也不公开提起这些药，因为根据法兰克福的法律，医生自制的药品是不合法的。有一种助消化的药粉，他不那么保密，但是还有一种重要的药剂，那是医生准备在病人极其危险的时候才应用的，而且也只给那些相信他的人服用。不过，还没有人看见过或体验过它的功效。

歌德的母亲伊丽莎白不愿意看到儿子年纪轻轻的就死去，她几乎要跪下来乞求这位医生：“求求你，请看在上帝的分上，帮帮我们！”

医生也很难过，他看了看卡斯帕尔先生。卡斯帕尔先生这时也恳求他：“医生，不管您用什么办法，请一定要救救我的儿子。我们不会让您承担什么责任的。”

医生犹豫了好一会儿，才在深夜赶回家里，拿来一小瓶结晶体的干药，用水溶化后，让歌德吞下去。

本来，这是歌德父母对儿子病急乱投医的办法，没想到，歌德的病情竟然奇迹般地好了起来。

歌德的母亲除了做家务和关心孩子们之外，还把一些时间花在与女伴们探讨宗教信仰上，这样一来，歌德家便常常出现一群信仰宗教的女士们。歌德在家中养病，常和她们接触，其中有个叫冯·克莱顿贝格的女士最吸引歌德。

克莱顿贝格女士和歌德的妈妈年纪差不多，可她却一直没有结婚。她穿着整洁，举止优雅，虽然没有自己的孩子，却很喜欢歌德这个病弱的青年，认为他是一个需要关心的孩子。

她每次来歌德家，都要和歌德谈论一番。她把自己对于痛苦的体验说给歌德听："病痛是我们身体不可缺少的一部分，如果没有它，那么健康就不能引起我们的喜悦。"

歌德觉得她的话很耐人寻味，就常常和她说话。因为病痛，再加上这些年来的感受，歌德觉得上帝是不公平的，他告诉克莱顿贝格："我觉得上帝并不像人们说的那么善良和正义，他总是伤害尊敬他的人。"

克莱顿贝格是基督教的虔信派教徒，对上帝十分虔诚，听歌德这样谈论上帝，简直吓了一跳。不过，她马上用温和的声调说："如果你觉得别人对你不公正，而使你恼怒的话，恢复心情最好的办法就是检讨你自己的错误。"

听了克莱顿贝格的话，虽然歌德并不同意她的观点，可当他晚上一个人的时候，他又突然想起克莱顿贝格的话，并遵照她说的去检讨自己的行为，果然，歌德觉得自己的情绪好了很多。

克莱顿贝格还介绍歌德看虔信派教徒弗里特·阿诺德的《教会和异教徒史》，这本书提到了平民的原始基督教，给了歌德很大启发。《教会和异教徒史》让歌德明白了阻碍人们挣脱官方宗教信仰是多么矫揉造作，多么虚伪，也明白了国王为什么要求宣传教条，为什么要严厉惩处异教徒了。自此以后，歌德决意和神职人员教给他的一切决裂。

平凡的克莱顿贝格成了不平凡的歌德的思想引导者，最直接的影响是歌德在莱比锡期间养成的不安的心绪在其鼓励和安慰下慢慢消除。

但肉体的苦痛还是令歌德夜不能寐，他翻来覆去，思考艰深的宗教问题，他想："上帝在创造圣子和圣灵的同时，一定同时创造出了魔鬼，魔鬼是反对上帝的第一个叛逆。"

"可是，这个魔鬼应该是什么样子的呢？"歌德开始思考这个问题。他为此构思出了诗歌中的一些新的形象，他用普罗米修斯这个叛逆者来代替背弃上帝的魔鬼。

可以说，"魔鬼创世说"成了歌德世界观根本转变的前奏，同时和别人对叛逆者形象的描述相反，歌德特别强调上帝与人之间的冲突，因而对于人与叛逆者的同一性的肯定就包含了积极自主和自我负责的行为，这是他从普罗米修斯颂歌直至浮士德诗歌的主要特征。

因此，创世说首先对歌德美学观点的形成起着很大的作用，后者第一次认真地推动他去掌握那伟大的人类形象，而这形象的本质结果也就决定了他的诗歌的人道主义的基本内容。

虽然死亡的阴影还笼罩在歌德的病榻之上，但此时的歌德已不甘忍受死亡的摆布了，他的脸上露出了久违的微笑，并重新开始做自己想做的事情。

挑战权威作家

歌德一天天地好起来了，他拿起笔开始画画。他首先将自己看得见的家中的家具画了一遍，然后又为家人画肖像。

当他把这些都画了一遍以后，他又转而将自己听到的本城的种种有趣味的故事用画来表现。

歌德的画不是没有特色，也不是没有趣味，可他认为，自己的画总是与人物不相称，不是缺少真正的气魄，就是笔画模糊不清。

尽管如此，这些画仍然讨得了歌德父亲卡斯帕尔先生的欢心，他要歌德把它们再画得清晰一点，并要求儿子将一切画都这样作，之后，卡斯帕尔先生把这些画都整齐地裱好，当作精品一样收藏了起来。

为了博得父亲的欢心，歌德画了许多静物，因为这种画有实物在面前做样板，他便画得比较清楚准确了。

歌德画了一段时间画，又想起了莱比锡的学生生活，想起那个教他绘画的奥塞尔教授，以及教他铜版刻蚀的施托克先生。

歌德想起从事铜版刻蚀的念头，他绘了一个颇有趣味的风景画，并把施托克先生传授给他的处方书找出来，试着自行试印。

可是，没完成几件，歌德的病情又恶化了，他的喉咙疼得十分厉害，尤其是小舌的那一部分肿得令他必须忍受极大的痛苦才能吞下一些东西。上次给歌德治好病的那个医生对此也束手无策。医生只好强迫歌德含漱口水和敷粉，但是没有一点效果。

歌德躺在床上，突然想起他是在刻蚀铜版时不够小心，才感染的这病。于是，歌德放弃了刻蚀，随后，他的喉咙果真奇迹般地好了。

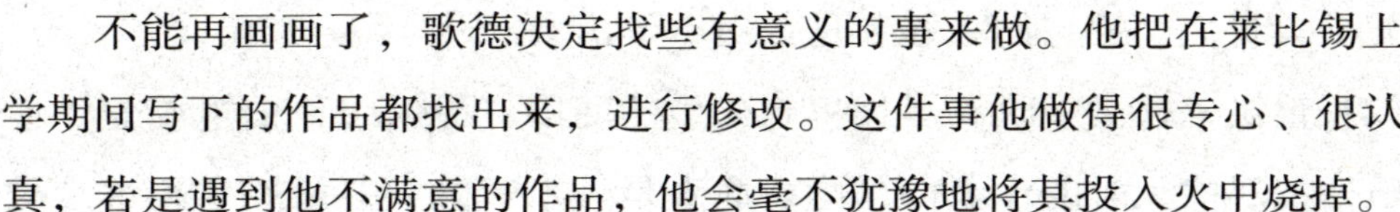

不能再画画了，歌德决定找些有意义的事来做。他把在莱比锡上学期间写下的作品都找出来，进行修改。这件事他做得很专心、很认真，若是遇到他不满意的作品，他会毫不犹豫地将其投入火中烧掉。

可是，伯里施替他抄写的那本《安娜诗集》，虽然里面的内容现在读起来觉得浮华，歌德还是把它保留下来。因为每次看到它，就会使他想起和伯里施的友谊。

想起伯里施，歌德就想起莱比锡那些迫害他和伯里施的作家们。歌德心中对这些作家们充满了愤怒，他想："我要用我手中的笔，来揭露你们的无耻，替老师讨回公道。"

他决定根据自己和伯里施的故事写出一个剧本。

歌德为这个剧本取名为《共谋罪犯》，他把写完后的作品首先拿给妹妹科纳里娅来读。科纳里娅一边仔细地读着，一边流下眼泪，她觉得哥哥笔下的那些作家们真是太可恨了。

科纳里娅看完剧本，对哥哥说："哦，实在是太感人啦，真的是你和伯里施先生的真实故事吗？"

歌德难过地回答："是的，很多人都亲眼所见！"

"你们真是太不幸了，可怜的哥哥，可这个社会原本就是如此啊！那些所谓高高在上的人，其实就是见不得别人的才华比他们高，他们的心胸是多么狭窄啊！"科纳里娅遗憾地说。

最后，妹妹为歌德提议说："我觉得，既然这个故事是属于你和伯里施先生的，那么，你完全可以把这份作品寄一份给他阅读，这对他来说，也许是个很好的安慰呢！"

"这倒是个好注意，我怎么没有想到呢？"歌德高兴地拥抱了妹妹，并在她的额头深深地一吻，说："谢谢你的建议，我的宝贝妹妹，现在我立即就来做这件事。"

歌德认真地将《共谋罪犯》抄写了一份，他一边抄写又一边对剧本再次修改了一番。当他做完这一切以后，他还特意给伯里施先生写了一封信，把它们一起装进信封寄了出去。

很快，歌德就收到了伯里施先生的回信。在信中，伯里施先生说歌德把那些无耻的作家们刻画得简直是入木三分，并鼓励歌德继续创作。信的末尾，伯里施先生还预言歌德将会在文学上干一番大的事业出来。

受到自己喜欢的老师的鼓励，歌德觉得写作热情又高涨了许多，他激动地对妹妹说："看见了吧，科纳里娅，伯里施先生在夸奖我呢！要知道，他是很少夸奖别人的，他还预言我会在文学上有一番作为呢！我一定不能辜负他对我的期望。"

科纳里娅也鼓励着哥哥说："我也同意伯里施先生所说的，哥哥，我一直都很看好你呢！"

"是真的吗，你一直都很看好我吗？"歌德觉得自己真是太幸福了，他激动得又想要拥抱妹妹了，却被调皮的科纳里娅躲开了。

歌德又开始写作了，这次他写了很多的童话故事。歌德常常在夜晚把这些美丽的童话故事，讲给妈妈和妹妹听。

歌德的这些童话故事太吸引人了，故事中的主人翁，常常把妈妈和妹妹感动得掉下眼泪。

写作上带来的快乐让歌德欣喜若狂，不过因为他还在生病期间，所以当他疲劳过度的时候，常常会夜不能眠。每当在这个时候，家人就会想起为歌德治病的医生约翰·弗里德里希·迈茨，就是那个从死神那里将歌德救回来的医生。

歌德和迈茨医生建立了很好的友谊，他很同情歌德的痛苦，经常安慰歌德，鼓励歌德战胜疾病。他不仅治疗歌德的病体，还积极修复歌德心灵上的创伤。

在迈茨医生的指导下，歌德钻研医生和自然科学家巴拉赛尔苏斯的著作以及犹太人的神秘哲学，并像古代炼金术士那样做实验，想借此来揭开大自然的奥秘。

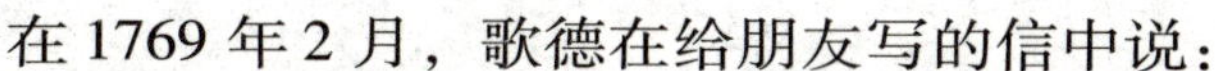
在1769年2月，歌德在给朋友写的信中说：

过去我对什么都不满；现在，当我被众人遗弃的时候，我倒感到安宁、愉快。

我现在正在研究哲学。我处于闭塞和孤独之中，全部装备就是圆规、纸、笔和墨水，还有两本书。用这种简单的方法，我常常深入对真理的探索之中，比那些专啃书本的人深入得还要多。

一位大学者很少同时是一位大哲学家。那些耗费精力读了很多书的人，十分轻视自然这本简单而又淳朴的书。然而，除了淳朴的东西之外，这个世界便没有什么东西是真实的了。

歌德把研究自然看作是在哲学的意义上追求真理，他一生一直都保持着对自然科学的兴趣，并取得了杰出的成就，而且，歌德的实验和研究对后来他的著名作品《浮士德》的写作极有帮助，诗剧中那位老博士在书斋中冥思苦想以及炼丹的情景，就是歌德生病期间的真实写照。

1770年的春天到了，此时万物复苏，春光明媚，歌德一生中最黯淡、最不幸的一年半时光终于过去了。他基本恢复了健康，心灵抑郁症也痊愈，青春朝气又勃发出来，于是他决定再度离开家，到新的地方去接受新的学习。

结交新的朋友

1770 年 3 月下旬的一天，歌德起程去了斯特拉斯堡，他将在这座城市继续自己的求学生涯。

在歌德生病期间，他的父亲卡斯帕尔曾多次表示，希望儿子病愈后能够继续完成学业。卡斯帕尔先生认为，儿子将来若要跻身于上层社会，就必须要完整地接受高等学府的全部学习。

另外，说一口流利的法语也是进入上层社会的阶梯。为此，他为病愈后的歌德选择了德语与法语混杂的边境城市斯特拉斯堡大学，所学专业仍然还是他所要求的法律学。

起程前，歌德向一个珠宝商的女儿弗兰齐斯加 · 克莱斯拍尔告别，并为这个姑娘写了一首情诗，诗名叫《告别》，内容如下：

让我用眼光向你道别，
我的嘴已不能说再见！
平常我也是堂堂男子，
要别离却那么的艰难！
甜蜜的海誓山盟，
也难解此时忧伤。
你的手无力握紧，
你亲吻嘴唇冰凉。
想从前偷尝轻吻，
竟使我欣喜若狂！
三月初摘紫罗兰，

一高兴给你戴上。
如今我再不为你，
采摘玫瑰编花环。
小弗兰茨，春来了，
但对我却是秋天！

难以否认，在歌德病休期间，他爱上了这个姑娘，不过，他每一次的恋爱都能使他找到诗歌的灵感。现在，他写作的诗歌也越来越真挚动人了。

歌德所去的斯特拉斯堡是法国亚尔萨斯的一个城市，靠近德国边境，它的居民被称为“法国皇帝的德国臣民”。这里的人们比德国其他地方更乐意效仿法国。人们说法语，愿意和法国人交往。

能够和法国人交往，可是让人羡慕的事，因为只有这样，才有可能成为世袭的贵族。歌德从认识多伦伯爵起，就非常喜欢法国文化，现在能够来到这里学习，让他非常高兴。

歌德一到斯特拉斯堡，便马上去大教堂，听自己的父亲讲，那是这个城市最美丽的地方。

这天一大清早，歌德就穿戴齐整地去了那里。

这天的天气非常好，歌德从教堂顶上的平台望下去，近处有“小威尼斯”之称的小河与河上一座座小桥、鳞次栉比的房屋及沃野牧场，尽收眼底。望着美丽的景色，这个 22 岁的青年对未来的生活，有一种奇特和不安的感觉，他不知道是吉还是凶。

歌德到斯特拉斯堡后，他的法语成了当地人嘲笑的话柄，正像当初刚到莱比锡时被人嘲弄他的法兰克福土气的乡音一样。

歌德是自小就学会法语的，但是发音很不纯正，因为他小时候经常模仿那些仆人、卫兵、牧师和演员们说法语的腔调，积习难改，有点不伦不类，怪腔怪调，在上流社会人士的耳朵里听来自然有些异样。

他们的嘲笑严重地伤害了歌德的自尊心，他下定决心，不在万不得已的情况下一定不说法语，他要用自己的母语德语来表达自己想要表达的一切，以此证明，自己的母语是多么的富有表现力。

最初，歌德按照父亲的要求住在学校附近的一所房子里，这里到处都是做生意的各种人群，歌德和他们没有共同的话题，他觉得在这样的环境下温习功课真是太闷了，他听说鱼市街有很多像自己这样的学生住，就决定搬到那里去。

经过一位同学介绍，歌德搬到鱼市街的一处舒适的寓所。鱼市街是一条又长又美的街道，整天人来人往，很热闹，歌德在这里认识了一些意气相投的饭局朋友，其中有不少是斯特拉斯堡的大学生。

歌德交的第一个朋友是医科学生迈耶。虽然迈耶的体态和长相不佳，但举止温和，品德善良，并且记忆力出众，他模仿各科教授的讲课惟妙惟肖，常惹得歌德开怀大笑。

歌德因为生病，留下了头疼的毛病，迈耶建议他常常登高，以此克服。歌德就在每天下课后爬到那座大教堂的最高处，在上面欣赏一下风景，之后，他又到教堂附近散一会儿步。这些锻炼还真是有效，渐渐地，歌德的头疼得到了好转。

因为迈耶的原因，歌德又交了很多学医的朋友，他们在每次吃饭的时候，都喜欢谈些医学上的事。歌德在这方面知识贫乏，所以他在听取法学专科课程之外，还颇有兴趣地去旁听了不少医科课程，并下了不少功夫。

很快，歌德的医科水平就受到饭桌上同伴的好评。值得一提的是，虽然歌德对人体解剖学有一种天生的厌恶感，但他还是努力加以克服，并试图习惯那些看一眼就令人恶心的被解剖了的肢体。这对他后来的动物学研究极有帮助。

歌德还认识了一位斯文庄重的法学博士萨尔兹曼，那是一位60

多岁的老人。歌德向他咨询深造法学需要学习哪些科目等问题，博士给他介绍了一位补习教师，帮助他掌握有关法学的必要知识。不久，歌德轻而易举地通过了考取博士应考者的资格，这就意味着他不必参加一些法学的专科学习了。从此，他有了更多的空闲时间。

萨尔兹曼博士在斯特拉斯堡是个很有名望的人，他常常出席当地的各种社交活动，并热情地邀请歌德参加，歌德为此认识了很多人，结交了很多的朋友。

在此期间，杰出的击剑手弗朗茨·勒泽也成为了歌德的朋友，他的眼睛小而锐利，决斗时常被邀请做仲裁和证人。弗朗茨·勒泽虽然家道贫寒，却性情朴实、正派，和歌德等人聊天，他出语多含机智，应对绵里藏针。

歌德把勒泽视为一种善良而坚定的性格的榜样，并高度评价他恪守的对人对己的责任原则。后来，歌德甚至以勒泽的原型写作了一部作品《铁手骑士葛兹·冯·伯利欣根》，文中那个常能可敬地屈身于人的勇士，歌德就是使用的弗朗茨·勒泽的原名。

半年时间很快过去了，歌德终于适应了斯特拉斯堡的生活。他结交朋友、学习骑马和跳舞、远足、锻炼身体，为再次恢复莱比锡时期的幸福和自由而欣慰。

在这段时间，他除了上课，既不工作，又不写诗、作画，但他花了不少时间研究大教堂的建筑艺术，并从这座古老的哥特式建筑中发现了德意志民族的艺术成就。在外国的领土上强化自己的爱国思想，这倒是他的一个收获。

提高对诗歌的认识

1770 年 9 月的一天，歌德在一家旅馆里结识了来斯特拉斯堡治疗眼病的约翰·戈特弗里德·赫尔德尔，从此开始了他人生的新的里程。

赫尔德尔是德国卓越的先驱思想家、享有“北方智者”之称的约翰·格奥尔格·哈曼的学生，只比歌德大 5 岁，上过德国古典哲学的创始人康德的哲学课，和当时法国唯物主义哲学家狄德罗、德国启蒙运动时期剧作家莱辛都有交往。赫尔德尔在神学、哲学、美学、诗学、历史、语言学等领域都有很深的造诣。

赫尔德尔特别推崇莱辛倡导的民族文学的精神。在歌德和他相识之前，他已因《近代德国文学散论》和《批评之林》等著作而名噪一时，在这些作品中，他坚持用历史的眼光来观察世界，认为文学是不断地发展着和消亡着的历史现象。

歌德是从他的那些医学好友们的谈话中知道赫尔德尔来到斯特拉斯堡的，他早就钦佩赫尔德尔的才华，很想前去拜访。他向朋友询问：“你知道佩赫尔德尔先生现在住在斯特拉斯堡的什么位置吗？”

朋友摇摇头，不过他答应歌德一定帮他找到地址。

第二天，那个朋友交给歌德一张纸条，上面记录着赫尔德尔的旅馆地址。

歌德简直想要亲吻朋友的脸，但他的朋友却对歌德说：“不要高兴得太早，听人说赫尔德尔是个很古怪的人呢，他很不喜欢交朋友，你可要小心碰钉子哟！”

歌德还是决定去拜访，出门前，他专门穿上了庄重的礼服，并对着镜子自言自语地说：“瞧，这是一个多么帅气的小伙子呀！而且，他还会写很多美丽的诗，连不爱表扬人的伯里施先生都很看好他呢，赫尔德尔为什么会拒绝这样一个青年呢？”

歌德鼓起勇气，来到赫尔德尔下榻的旅店。当他急匆匆地走进饭店，在三楼的拐角处，他遇见了一位陌生的青年牧师。

这个牧师披着绸斗篷，下摆撩起，塞进衣袋，扑了粉的头发卷成一绺，盘在后脑勺上。歌德马上猜到服装古怪、举止潇洒的教士就是赫尔德尔。

他急忙鞠了一躬，向牧师介绍自己说：“您好，尊敬的赫尔德尔先生。请允许我介绍自己，我叫约翰·沃尔夫冈·歌德，我非常想来拜访您，并听听您对文学的见解，希望您不要推辞。”

这位年轻的牧师很奇怪地问：“您怎么知道我就是赫尔德尔呢？”

歌德不好意思地说：“我是从您的服饰上推断出来的。”

歌德的坦率和真诚赢得了赫尔德尔的好感，他用热情的语调说：“歌德先生，真是对不起，我现在有急事要出去。不过，从明天起，您可以随时去医院的眼科病房找我。我们可以好好地聊一聊。”

歌德没想到，赫尔德尔对自己竟然这么友好，他发现，这位可敬的先生并不像朋友说的那么不容易接近。

歌德愉快地回到了鱼市街的自己的住所，盼望第二天快点到来，这一夜，他几乎兴奋得睡不着觉。

第二天天刚亮，歌德就迫不及待地赶往医院，来到了赫尔德尔的病房。

赫尔德尔惊讶地对歌德说：“像你这样勤奋求知的人倒是很少见的。”

歌德害羞地抓抓脑袋说：“真是不好意思，打扰您了。”

他们就这样你一句我一句地聊了起来，虽然两个人刚刚结识，可他们却像一见如故的老朋友那样，彼此都有说不完的话。只不过他们的谈话内容，大半都是学术方面的。

只要提到自己的见解，赫尔德尔就觉得有很多话要说，他似乎忘记了让他头痛的眼病，躺在床上滔滔不绝地阐述道："以阿那克瑞翁诗派为代表的罗珂珂文风意味着什么？那不过是封建王朝没落在文学中的投影，充其量是在拍宫廷趣味的马屁。作家应该把文学看作是宣扬启蒙思想、唤醒民族意识的舞台，只有这样才能期待德国文学的繁荣。"

歌德双手抱在胸前，静静地聆听赫尔德尔的讲解，他钦佩赫尔德尔的博学和睿智，他愿意像个谦虚的学生那样专心地听下去。

而赫尔德尔呢，则像个天生的导师，他仿佛已经习惯了老师角色，讲起话来也不知道疲倦："文学应该反映客观现实，表现人的个性和情感，可如今德国的戏剧舞台上比法国人还法国化，我们应该有自己的民族戏剧，应该把市民阶层搬上舞台，普通人也可以有不平凡的命运，这样才容易引起大多数人的同情。"

赫尔德尔说得很起劲，歌德也听得很认真，不知不觉，窗外灿烂的阳光变成了金色的夕阳，病房里越来越暗。歌德这才惊讶地发现一天的时间已经过去了，他抱歉地对赫尔德尔说："哎呀，真是对不起您，打扰了您整整一天，我想您一定很疲劳了吧，不过，您的见解真是太精辟，太吸引人了！"

赫尔德尔宽容地笑了："歌德先生，对我而言，你可是一位撞进门的好学生呢！你很聪明，我乐于和你谈话，真诚希望你能经常到我这里来。"

从这天起，歌德每天早晚都去探视赫尔德尔，甚至整天都留在他的身边。他对赫尔德尔的伟大的品性、广博的知识和深刻的洞察力日益敬服。

此时，赫尔德尔先生正在写《论语言的起源》。他在这本书中反对语言源于上帝的观点，论述了语言的发展轨迹，认为语言与文学发展有着密切的关系，德国民族文学将会促进德语的发展。实际上，这

本书讲的是精神史和文学史。

赫尔德尔给歌德讲这部书的写作要点，引导歌德研究诗歌的起源和历史。他让歌德阅读从荷马、圣经，到莎士比亚等一切有名的作品，还特意给他阐述莎士比亚作品的完美之处。歌德如饥似渴地阅读莎士比亚的著作，读完后，他第一次觉得自己有了“手和脚”。

赫尔德尔还向歌德推荐法国伟大的思想家卢梭的作品。卢梭是热爱自然的典范，其作品充满了对大自然界的赞美之情。他认为，社会上的人，应回到自然状态中去自由地发展自己的个性。

歌德本来就喜欢自然风景之美，认为自然有自己的意志，他有着模糊的泛神论的思想。因此，歌德很容易地就接受了卢梭的思想。泛神论就是认为神存在于万物之中，没有什么超自然界的上帝的存在，如果说有上帝，上帝就是自然。后来，歌德写出一首被人们认为泛神论的诗，诗中连自然神也不提，只讲自然界有永不停息的生命，大到繁花似锦的大地，小到枝头的每一片叶子都是如此，自然界按照自己的独立意志去生存去发展，其形态自由、欢快、美满。

赫尔德尔的学问和见解完全征服了自负的歌德。因此，赫尔德尔经常讽刺挖苦歌德，歌德却毫不介意。歌德觉得赫尔德尔就像有才能的魔鬼普罗米修斯一样，有一种强大的奇异的吸引力。

赫尔德尔对歌德的冷嘲热讽，也都是善意的，那是他见到歌德身上的一些坏毛病后的有感而发。一次，赫尔德尔去歌德的公寓里做客，他看到歌德书架上摆放着整整齐齐装订很美的书，却一本也没有读过，就写了一首讽刺诗，表示对这种虚饰和夸耀的憎恶。

在赫尔德尔的影响下，歌德提高了对诗歌的认识，增进了对诗歌的了解，可以说，赫尔德尔在很大程度上打掉了歌德身上所谓的贵族习气，让歌德的思想更趋活跃，视野更加开阔，文学口味更加浓厚。

此后，歌德写出了一些民歌体的新作品，使人耳目一新，《野蔷薇》就是他这个时期的代表作之一。

《野蔷薇》全诗分3段，每段最后两句重夏，这正是民歌的特点，这首民歌本来在斯特拉斯堡广泛流传，它经歌德采集到手，作了艺术加工后，便成为了“世界的财富和人民的财富”，这首诗后来被谱成100种以上的歌曲在人们的口中流传，其中以德国“歌曲之王”舒伯特谱的曲子流传最广。诗的部分内容如下：

少年看到一朵蔷薇，
荒野上的小蔷薇，
那样娇嫩而鲜艳，
急急忙忙走向前，
看得非常欢喜。
蔷薇，蔷薇，红蔷薇，
荒野上的小蔷薇。
少年说：“我要采你，
荒野上的小蔷薇！”
蔷薇说：“我要刺你，
让你永不会忘记，
我不愿被你采折。”
蔷薇，蔷薇，红蔷薇，
荒野上的小蔷薇。
野蛮少年去采她，
荒野上的小蔷薇；
蔷薇自卫去刺他，
她徒然含悲忍泪，
还是遭到采折。
蔷薇，蔷薇，红蔷薇，
荒野上的小蔷薇。

写出独立风格的诗

赫尔德尔建议歌德常去农村采集一些乡下民歌，以改变自己的写诗风格。可是，歌德对斯特拉斯堡并不熟悉，他不知道该去哪里。

在赫尔德尔治病的时候，歌德不能去打搅他，便想起了赫尔德尔要自己去乡间寻找灵感的教导。

经常和歌德吃饭的人当中有一个叫韦兰的年轻人，他出生于亚尔萨斯州，熟悉当地风土人情，他要求歌德和自己去塞森海姆镇的一位牧师家中做客。

“塞森海姆镇？这个地方远吗？我们需要在那里待多久？”歌德有些犹豫。

韦兰微笑着回答说：“很近的，离斯特拉斯堡只有 24 英里。我们可以在很短的时间里玩个痛快。”

听说不是很远，歌德便来了兴致，他高兴地说：“那好吧！就这样决定了。不过，先等一下，你刚刚说我们是要去拜访谁，一位牧师？或者，我可以和他开个玩笑吗？”

歌德总是喜欢弄出一些好玩的事来，他在去塞森海姆镇之前，穿上了一身破旧的神职人员穿的衣服，把自己打扮得像个贫穷的神学院的学生。

接着，他又找来了一匹瘦得只剩下骨架的马，当他骑上马准备出发前，韦兰笑得喘不过气来，说：“喂，我说，歌德，这不像你平常的作风嘛！”

歌德也哈哈大笑起来：“怎么样，你看我像堂·吉诃德先生吗？”

韦兰点点头：“嗯，不错，简直是一模一样！”

歌德又一次得意地哈哈大笑。

他们骑上自己的马上路了，一路上，行人看到歌德的模样，都发出惊讶的尖叫。他们顺着一条幽僻的小径穿过草地，很快就到达了塞森海姆镇。

韦兰带歌德找到一家旅店放好了马匹，便徒步向牧师家中走去。

牧师的房子看上去像一所破旧的农舍，但里面却清新如画，让歌德感到心旷神怡，更让歌德分外惊喜的是牧师有两个美丽可爱的女儿，当小女儿弗里德莉克走进房间，走进歌德的视野时，歌德突然觉得眼前一亮。

弗里德莉克穿着白色的圆短裙，白色的马甲，腰上系着黑绸短围裙，头上扎着两条金色的大辫子。这在斯特拉斯堡城市的姑娘们眼里，是不受欢迎的德国民族服装。可是，它们穿在弗里德莉克身上，却显得非常美丽动人。

看到美丽的姑娘，歌德有些不好意思对牧师一家开的这个玩笑，他甚至有些后悔自己没有多带一套衣服来。

弗里德莉克对这个看上去很怪异的客人却很喜欢，她马上和歌德愉快地交谈起来："歌德先生，你有什么心事吗？"

"哦！不不，我什么事也没有。"歌德的脸一下子红了，他怎么好意思对这位美丽的姑娘说出自己的窘态呢！

弗里德莉克快乐地说："既然这样，那么我为你唱几支小曲吧！不过，我只会唱我们这里的民歌，对于你们城里的学生来说，你会喜欢吗？"

歌德刚好在研究民歌，以便自己能够写出更好的诗，他马上说："当然，弗里德莉克小姐，其实我是很喜欢听民歌的。"

弗里德莉克"咯咯"一笑，开心地说："那真是太好了，不过，歌德先生，你完全可以叫我小莉克，我的家人都愿意这么叫我呢！"说完，她认真地唱了起来："我来自一座黑黝黝的森林，相信我吧！

我爱着你，这是我唯一的欢乐。哎哟！哎哟！哎哟！哎哟！”

歌德陶醉在这甜美的歌声中，他觉得姑娘是为他而唱，他真是快乐极了。

牧师的一家为歌德准备了丰盛的晚餐，吃饭时，弗里德莉克坐在歌德身边，向歌德介绍当地的风光。

饭后，弗里德莉克又挽着歌德一同到旷阔的田野中去散步，她向歌德描述自己的经历和她特别尊重的人，歌德忽然觉得没能早点成为弗里德莉克的知己是件很可惜的事情。看到弗里德莉克如此将自己的心里话说出来，歌德认为弗里德莉克是个非常善良、纯洁的姑娘。

三天以后，歌德告别了乡间清新的空气和热情好客的牧师一家，回到斯特拉斯堡。但是，就在歌德离开那里的第二天，他就非常想念让他一见钟情的弗里德莉克，歌德觉得对这位新女友的思念简直达到一日不见，如隔三秋的地步，于是，他立即写信给弗里德莉克，用含蓄的措辞表达了对她的爱慕：

亲爱的、亲爱的女友：

我是否要对你说点什么？

我们归途中的情形你大概能够想象得到，你大概能看出，分手时我是多么难过。最终我们还是必须离别。

值得回味的是，我们在路上所感到的愉快，这回味很快就被一个念头所代替：我必须在不久之后与你重逢。

再能见到你是一件最令人心旷神怡的事情。我们这些心灵娇弱的人，一旦稍感不适，就马上给自己开出自慰的药方，说：可爱的心！你静一静吧，你是不会长久地远离他们、远离那些你爱着的人们的；静一静吧，可爱的心灵！这样，我们就给心灵一个幻觉，它如愿以偿了，它变得乖巧和安详，就像一个幼童从妈妈那里得到的不是苹果而是不能吃的洋娃娃的情况那样。

好了，我们就到这儿吧！

弗里德莉克很快就回信了，她热情地邀请歌德再次去自己家做客。

到了月底，歌德正好有几天假期。他立即雇上一匹好马，打扮整齐，快马加鞭地赶往塞森海姆。

由于出发较晚，途中已见黑夜袭来。幸好有明月为他指路，不至于使他迷失方向。晚风习习，夜色凄然。当歌德到达塞森海姆时，已是午夜时分。

弗里德莉克和姐姐正在门口等着他，牧师一家为歌德准备好了一桌子的食物，他们高兴地在一起用餐。

这次，歌德一身整齐的打扮引起了姐妹俩的一阵大笑。姐姐认为歌德是出于虚荣心，妹妹却认为歌德是为了讨好自己。当然，歌德刻意打扮成这样，目的是为了吸引住自己的心上人。

饭后，歌德高兴地和村子里的小伙子们一起到教堂后广场上围着篝火跳舞，弗里德莉克轻盈的舞姿和安详的举止再次拨动歌德的心弦。

第二天早晨，弗里德莉克又来约歌德一起出外散步。两人并肩而行，享受着优美的田园风光，两人的关系愈加亲密。

从此以后，歌德常到牧师家里，老是跟弗里德莉克在一起，牧师一家人日益习以为常，并不以为怪。他们听其自然，而不问及这对年轻人这样做会有什么结果。按照当地的一般风俗，弗里德莉克的家人放任这对年轻人和别人一起做短暂旅行，游览莱茵河两岸的风光。

歌德喜欢泛舟到莱茵河的岛屿上，围着篝火烤鱼吃，他和弗里德莉克的爱情随着旅游的顺利进行而更见增长。

爱情让歌德精神焕发，乡间清澄的天空、肥沃的大地、和煦的阳

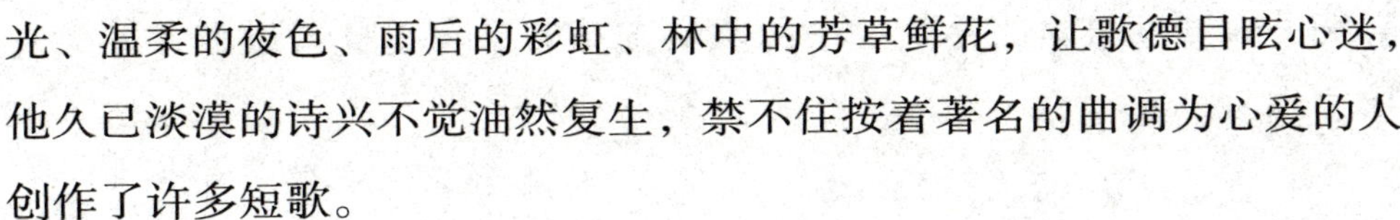

光、温柔的夜色、雨后的彩虹、林中的芳草鲜花，让歌德目眩心迷，他久已淡漠的诗兴不觉油然复生，禁不住按着著名的曲调为心爱的人创作了许多短歌。

这时，赫尔德尔对歌德的影响发挥了作用，歌德在这一时期所作的诗歌运用了新的创作手法，被称为《塞森海姆之歌》，其中有两首在后来的1775年《伊里斯》杂志上分别发表，这就是著名的《欢会和别离》和《五月之歌》。

歌德的《欢会和别离》写作于1771年3月，诗歌写出了他当晚骑马赶路，急于见到心上人和见后相爱的幸福以及别离时难舍难分的情景，全诗用词朴素，感情真挚。

歌德的《五月之歌》写作于《欢会和别离》的两个月之后，是歌德与小莉克在塞森海姆的道路上散步时的感怀之作。那时正是5月，当地的春天，春光明媚，万象更新。一对情侣，踏青郊游，享受着爱情的幸福，更觉得大自然的可爱。

这首小诗运用阶梯式的结构，在赞美了春天和生机勃勃的繁花似锦的大自然之后，诗人祈求爱情。

歌德针对当时德国市民普遍遵循的，由经济基础决定恋爱和婚姻生活的价值观，发出了爱情至上的呼声，宣布相爱者道德上是平等的，同时指出了这种恋爱关系的社会意义。由于这种爱情赋予诗人以谱写新的曲调、编排新的歌舞的乐趣和勇气，所以，这意思不外是说，这种爱情给人以鼓舞人心的力量，从而感觉和行动、个人幸福和艺术创作实践结合起来。把诗歌的结构和民歌的形式融合成一种新的抒情诗体，这种艺术手法在德国诗歌中还从未有过。

歌德这首诗大量运用动词和感叹词，给人以生动有力的感觉，这反映了作者的充满胜利信心的乐观主义情绪以及对自己的力量和大自然恩赐的信赖。

《五月之歌》简洁有力的诗句，掷地有声，情景交融，更烘托出春天与青春的气氛，伟大的作曲家贝多芬非常喜爱这首诗歌，并为它谱了动听的曲子：

自然多明媚，向我照耀！
太阳多辉煌！原野含笑！
千枝复万枝，百花怒放，
在灌木林中，万籁俱唱。
人人的胸中快乐高兴，
哦，大地，太阳！幸福，欢欣！
哦，爱啊，爱啊，灿烂如金，
你仿佛朝云飘浮山顶！
你欣然祝福膏田沃野，
花香馥郁的大千世界。
啊，姑娘，姑娘，我多爱你！
你眼光炯炯，你多爱我！
像云雀喜爱凌空高唱，
像朝花喜爱天香芬芳，
我这样爱你，热血沸腾，
你给我勇气、喜悦、青春，
使我唱新歌，翩翩起舞，
愿你永爱我，永远幸福！

歌德的这些诗歌体现了新的美学和哲学观念，他克服了罗珂珂式诗风的纤巧和缺乏真情实感的写作，汲取了民歌的精华，写出了对自然界的真切感受。

如果说，给外祖父和外祖母献诗时的歌德还只是一个乳臭未干的小孩子，写给珠宝商女儿的《告别》还没有摆脱罗珂珂式诗风的俗气，那么，完成《塞森海姆之歌》以后的歌德已经是一个有着独自风格的诗人了。

遗憾的是，尽管歌德和弗里德莉克非常相爱，甚至牧师一家也已经把歌德看作了自己家的准女婿，但是，在歌德和这位善良的姑娘正式交往了近一年的时间以后，他们最终痛苦地分手了。因为，歌德来斯特拉斯堡是为了完成未完成的学业的，他的肩上还担负着爸爸的期望，他必须把心收回来，完全地放到自己的功课上，取得法学学位。

获得名校法学学位

事实上，歌德一直都是一个非常聪明的人，他虽然在课余时间和女友约会、写诗，但在上课时也没有忘记用功努力。随着毕业日子的一天天临近，他开始投入所有的时间来温习功课。

歌德顺利地通过了法学课程的考试，不过，这些还不是最重要的，最重要的是他还必须完成一篇毕业论文并通过论文的答辩。这样，他才能够拿到法学学位，完成爸爸的希望。

歌德独自躺在寓所的床上，想着自己需要完成的论文，对自己说："我要写一份与众不同的论文，而不是像一般的学生那样，专门写一些那些老掉牙的东西。"

有了这个想法，歌德放弃了所有的游玩时间，把大把大把的时间都花在了阅读各种书籍上。他每天埋头在学校的图书馆里，翻看各种法学书籍。有时候，还要去向学校的老师请教。

认识他的人都以为，歌德是真正对法律产生兴趣了。要不然，他怎么会突然这么狂热地学起法律呢！

然而，只有歌德自己知道，他其实根本就不喜欢法律，他这么热情地想要把毕业论文写好，是为了完成他的父亲卡斯帕尔先生的希望。每当歌德厌烦于阅读那

些没有兴趣的法学书籍时，他就会不停地提醒自己："哦，我是卡斯帕尔先生的儿子，我有义务完成他对我的期望，他是那么的期盼我的论文能够出版。"

原来，歌德是在为自己的父亲写论文呢！

歌德把论文的题目定为《论立法者》，论文的主题别出心裁，新颖大胆。他当时对教会、公众承认的宗教礼法在两方面所起的冲突感兴趣。

歌德对自己的学位论文很是满意，觉得有根有据，文笔也好，他把自己的论文写好后抄了一份给父亲看，父亲对他的标新立异、富有新教精神的见解也很赞赏。

歌德满怀信心地把论文交到法学院。法学院的教授们对他的观点非常震惊。因为歌德居然认为作为立法者的国家有权建立一定形式的宗教信仰，这可是不寻常的事。

教授们都不肯发表自己的意见，院长根本就不想对歌德的论文作出评论，院长对教授们说："这是一篇危险的论文，绝对不能把它当作学位论文公开发表。"

歌德的导师找到他，对他说："歌德，我们不得不承认你的论文写得的确很好，但遗憾的是，还是不能作为学位论文公开发表，经过教授们和院长的商议，如果你同意你的论文不公开发表，法学院就允许你答辩。答辩完以后，你还是可以和其他学生一样得到学位。"

歌德无可奈何地耸耸肩说："既然这样，那我同意。"歌德最想要的，还是能够拿到法学学位，他在心中暗暗地想："那么，我的爸爸又要失望了。"

答辩的日子很快到了，教授先生要求歌德只带了论文提纲去，因为院长怕他的论文会产生影响，所以要求他只带提纲就可以了。

在答辩会上，负责提问的是莱塞尔老师。他用开玩笑的口气问了歌德几个问题。这可难不倒歌德，他很小的时候，就已经在爸爸的引导下，熟记罗马法了。

歌德回答得非常准确，莱塞尔老师对院长说：“院长先生，约翰·沃尔夫冈·歌德的回答真是太精辟了，他完全可以获得我校的法学学位。”

莱塞尔老师口中的法学学位相当于法学博士，歌德能够顺利地获得这个证书，是一件令人高兴的事，他在心里说：“起码，爸爸应该以我为骄傲。”

虽然歌德的论文不能公开发表，可他还是和其他毕业生一样，参加了庄严的毕业仪式。

院长把学位证书郑重地颁发到歌德的手中说：“歌德先生，你真是一个奇怪的学生。不过，老实说，你的论文的确写得很好，也许有一天，会有人接纳你的观点的。”

仪式结束后，学校为歌德和同学们举行了盛大的酒宴。

宴会上，歌德和同学们开心地说笑，当其他同学得知他的论文不能得到公开发表时，他们都替歌德感到可惜。他们举起酒杯，安慰歌德说：“歌德，不要为论文的事情懊恼了，最重要的是我们终于毕业了。来吧，我的朋友，让我们庆祝这伟大的时刻！”

歌德举起酒杯，笑着回答说：“来吧，为了我们的毕业，干杯！”不过，歌德在心里却说：“他们不知道，其实这些对我来说都并不重要，重要的是我终于完成了父亲的要求。”

歌德的大学时代就这样结束了，1771 年 8 月底，他从斯特拉斯堡回到了故乡。

青春的付出

要做一番伟大的事业，必须从青年时代开始。

——歌德

律师背后的追求

歌德又回到了家里。与上次因病回家不同，这次他完成了学业，带着天才的风韵，还以承担文化责任自命。他看上去意气风发，热情奔放，对一切事物都充满兴趣。

他的爸爸卡斯帕尔先生带着一点遗憾欢迎儿子回来，妈妈和妹妹则高兴地拥抱了他。

吃饭的时候，卡斯帕尔先生询问歌德："哦，我的孩子，下一步，你打算做什么工作呢?"

"我听你的安排，爸爸!"歌德这样回答。

其实，歌德很想告诉父亲，自己想要从事一份写作的工作，但他知道爸爸的脾气，卡斯帕尔是不会同意的。

卡斯帕尔先生很高兴儿子能听从自己的意见，他用平淡的口气告诉儿子："那么，你准备向法兰克福地方法院写份申请吧！这样，你就可以成为一名陪审法庭的律师。"

几天后，23 岁的歌德递交了加入律师协会的申请，申请很快得到批准。歌德开始同枯燥无味的法律公文打上了交道。

歌德的工作主要是充当法兰克福犹太人的辩护律师，他诗人的气质妨碍了他的律师工作。在法庭上的第一次发言，歌德不是采用一种严肃冷静客观的态度去辩论，而是像一个诗人在大庭广众中朗诵诗歌，充满了主观的意志和热情，并带有诗歌的韵味。

歌德的这种辩护令全法庭的人们哭笑不得，此时的他才彻底明白，自己根本就不是做律师的料，律师的职业对他来说，是多么的烦闷和无聊。

幸好，法兰克福人口不多，诉讼案很少，歌德一个月几乎都接不到一个案子。这样，歌德就可以把大部分的时间用在自己喜欢的事情上。

在这个时候，德国文学史上刮起了一阵狂飙，它就是德国文学史上的“狂飙突进”运动。它是以莱辛为代表的启蒙运动的继续和发展。由于它主要涉及文学，所以说是属于文学方面的革命运动。

“狂飙突进”来源于剧作家克林格尔的剧本名。这个剧本描写了两个英国家庭从结怨到和解的过程。剧本于1776年出版，第二年上演，效果并不佳。但是这批青年作家掀起的文学运动却有如狂飙，势不可当，故得此名。

这个运动的纲领是崇尚自然，推崇天才。作家们也以天才自命。他们要求个性解放，要求民族的发展。因此，他们反对封建专制，反对模仿法国文学，要求创造德国自己的民族风格。

“狂飙突进”运动大致开始于1770年。歌德的朋友赫尔德尔就是这个运动的纲领制定者和理论家。他在斯特拉斯堡从1770年9月一直待到1771年4月，才去比克堡任牧师之职。他在这一年写出了《莎士比亚》一文，两年后才发表。

在斯特拉斯堡，歌德认识到法国文学是“老耄的、高贵的”，所以追求自由和享乐的青年不喜欢它。人们戏称名噪一时的伏尔泰为“老顽童”，对他表示嫌恶。正在歌德要求摆脱法国古典主义束缚之时，赫尔德尔介绍他读英国文学家莎士比亚的作品，歌德由此爱上了英国文学。

“狂飙突进”运动掀起后，歌德决定做些远比一个称职的律师更为重要的事情。他每天早晨起床后，先埋头于诗歌的创作研究。然后才去应付一些法律事务。

有一天，他在法律事务所的办公室里终于作出最后决定：“我目前的活动应该集中于文学上面，应该用手中的笔为德国文坛投进一股清新的空气。至于诉讼、辩护，那只会让我苦恼、枯竭，我的生命不该白白地在无聊的法律事务上耗费，我应该做自己想做的事情。至于父亲的愿望，如果非得为此付出代价的话，那就让我付出吧，我决不再因为别人的意愿而回心转意。”

下了这样的决心以后，歌德觉得浑身很轻松、很舒服，他一边继续阅读研究莎士比亚的作品，一边为自己立下了一个更崇高、更自由的目标，这个目标为其打下了既现实又有诗意的精神生活基础。

1771 年 10 月 14 日，歌德当着妹妹及妹妹的几个朋友的面，发表了《莎士比亚的命名日》的演说：“我初次看了一页他的著作之后，就使我完全折服；当我读完他的第一个剧本时，我好像一个生来盲目的人，由于神手一指而突然获见天光。”

他接着说：“我没有片刻犹疑拒绝了有规则的舞台。我觉得地点的统一好像牢狱般的狭隘，行动和时间的统一是我们想象力的讨厌的枷锁。我跳向自由的空间，这时我才觉得有了手和脚。因此，要是我不向他们宣战，不每日寻思着去攻破他们的牢狱，那我的心要激怒得爆裂了。”

歌德的这篇讲演虽然简短，但在德国文学史上却具有里程碑式的意义。讲演着力介绍了当时在德国还不为人知的莎士比亚，更进一层阐明了后来被称为“狂飙突进”运动的文学革命的纲领，由此开始了他文学创作的征程。

出版首部现实史剧

歌德放弃律师工作，一心一意地开始从事创作活动，但是，他应该写什么题材的作品呢？此时，他收到了赫尔德尔的来信。赫尔德尔在信中说：

我的朋友啊！在这个时代，你还能怀有这样一个甜蜜的、配得上你的才华的梦想，实在让我高兴。

你可以从我们的骑士时代取材，用我们的语言，为我们的变化如此之甚的祖国建造起她的纪念碑！

我羡慕你有这样一个梦想，希望你不放松你为德国进行的崇高活动，直至胜利的花环高悬其上为止。

歌德没有辜负赫尔德尔的期望。一个月之后，他终于选好了一个题材。

这天晚上，歌德回到家里，对母亲说，他在公共图书馆里找到了1731年出版的《葛兹自传》，他要把它编成一个剧本。

歌德口中的葛兹是16世纪德国农民战争时期的一个历史人物，也是最后一代骑士。在诸侯混战中葛兹失去了右手，配了一只铁手，因此有“铁手骑士”之称。1525年他被迫参加农民起义。起义失败后，曾被软禁。软禁取消后，他又随卡尔五世远征土耳其和法国，然后回到住地撰写自传，直至去世。

葛兹借自己的力量反抗社会，争取自由的精神，正符合“狂飙突进”运动的宗旨，和歌德的追求目标一致。

为了写好自己的剧本，歌德极力使葛兹的故事情节生动，并按照自己的想象，为这个人物编织了各种书上没有的细节。他把自己设计好的细节首先讲给自己的妹妹听，妹妹对他编织的这些部分很感兴趣，建议歌德立即动手创作。于是，歌德把全部力量都倾注到了葛兹剧本的创作上。

他一头扎进书房，除了眼前的书籍，他几乎忘记了外部世界。有人前来拜访，他客气地加以回绝，他的母亲和妹妹只有在餐桌上才能见到他的身影。她们无论用什么话题去吸引他，都无法把他从自己的世界中拖出来。

长时间艰苦的案头工作，使歌德头晕的老毛病又犯了，他的脸色开始变得苍白起来。这可吓坏了他的母亲，在吃饭的时候，伊丽莎白流着泪劝说儿子："歌德，你为什么不能慢慢地做事呢？这样会把身体累坏的。"

歌德知道母亲心疼自己，便微笑着回答："妈妈，我是一个成年人了，我会照顾自己的。"

母亲的担心与日俱增，歌德却一点也没有放松寻觅的步伐，就这样，他用了不到6个星期的时间就完成了剧本的初稿。

歌德为这个剧本命名为《铁手骑士葛兹·冯·伯利欣根》，剧本基本上反映了德国农民战争前后的历史。但是他发挥了剧作家的想象，虚构了魏斯林根这个叛徒和阿德尔海特这个风流寡妇的形象，并且让葛兹和农民领袖济金根攀上了姻亲关系，将结尾改成葛兹为自由而死。这些改动和不拘泥于史实的做法，显示了歌德驾驭素材，展开戏剧性冲突的技巧和才华。

歌德笔下的葛兹比历史上的葛兹形象更高大，性格更丰满。他通过葛兹临死前高呼"自由"，表达了自己反抗暴虐、要求自由的革命精神。

这个剧本共分59个场次，打破了古典主义戏剧坚持的时间、地

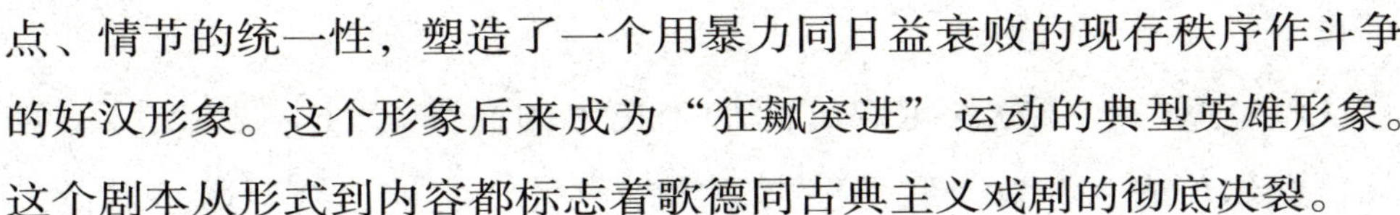

点、情节的统一性，塑造了一个用暴力同日益衰败的现存秩序作斗争的好汉形象。这个形象后来成为“狂飙突进”运动的典型英雄形象。这个剧本从形式到内容都标志着歌德同古典主义戏剧的彻底决裂。

剧本完成后，歌德首先把它寄给赫尔德尔观看，但令他失望的是，赫尔德尔居然毫不留情地把剧本的缺点全部写在信上。

原来，歌德在读了很多莎士比亚的剧作后，就全力模仿起莎士比亚的作品风格来，赫尔德尔觉得歌德的《铁手骑士葛兹·冯·伯利欣根》用这种风格写出的剧作完全掩盖了歌德自身的才华，他把歌德的这个缺点直接地指了出来。

得不到老师的表扬，歌德很难过，但他又是一个愿意接受批评的人，所以他很快就明白了自己的缺点，决心修改剧本。

尽管歌德的这部剧作没有得到老师的认可，但却受到了一位出版商的表扬，这个人就是达姆斯塔特城的陆军参议默尔克。

默尔克是一位贵族出版商，他同时还是一位文学批评家。默尔克不是一个只知道把眼睛盯在钱币上的平庸商人，他富于理解力和才智，学识广博，对于德国近代文学造诣极深，又博览各时代各国的通史与人文史，具有准确而敏锐的判断力。他为人虽然尖刻，脾气古怪，但本性善良正直，果断可信。

1771 年 12 月的一天，歌德在朋友施罗塞尔的邀请下，去参加了一次有趣的聚会。

参加这次聚会的都是喜欢文学创作的人，在聚会上，每人都朗诵了一首自己的诗歌。歌德朗诵了自己最满意的作品《五月之歌》。当时这首诗歌还没有出版，但和别人的矫揉造作的诗歌相比，歌德的诗新颖、脱俗。

默尔克先生就是在此时开始关注这位能够做出不同凡响诗作的歌德的，他用自己一双灰蓝色的生气勃勃的眼睛，笑眯眯地望着歌德。

歌德问身旁的朋友：“施罗塞尔，那个人是谁呀？他怎么总是看着我。”

施罗塞尔拉着歌德走到了默尔克先生的面前，为他们介绍：“你好！默尔克先生，这是我的朋友歌德。歌德，这是达姆斯塔特城的陆军参议默尔克先生。”

接着，施罗塞尔又对歌德说：“歌德，默尔克先生可是个很有名的出版商人呢，如果你的作品可以得到他的欣赏，那是再好不过的事。”

默尔克赞美了歌德的诗歌，又问他有没有其他的作品。

歌德想了很久，才鼓起勇气说：“我还写了一部戏剧，是关于我国最后一代骑士葛兹的，可赫尔德尔先生认为它是个失败的作品。现在，我正在修改它。”

默尔克很感兴趣，问歌德可不可以送自己一部分稿子看看，他对歌德说：“你的诗都写得那么好，你的戏剧也一定不错。”

默尔克还告诉歌德自己是先锋派杂志《法兰克福学者报》的主编，并诚恳地要求歌德为自己的杂志投稿。

在当时，《法兰克福学者报》大都是文艺界的名流作家才能投稿的报刊，歌德觉得默尔克先生太看得起自己了。

默尔克很快就看完了歌德的部分稿子，他给歌德回信时用热烈的语气鼓励歌德出版这本书，并说自己愿意做歌德的出版商。

默尔克还建议歌德继续对这部作品进行细心的修改，要求他注意把人物塑造得丰满一点，默尔克说，这样出版的书才会受到读者们的欢迎。

但这时的歌德却没有想要出版的意思，他苦恼地给默尔克回信说：“可赫尔德尔先生把它说成一钱不值呢，我也觉得写得很失败，就算是修改完后，恐怕也不会是成功的作品吧？”

默尔克却很看好歌德，他回信安慰歌德：“很多著名的作家，他们的作品都是修改了很多遍，才获得成功的。一个人能不能成功，关

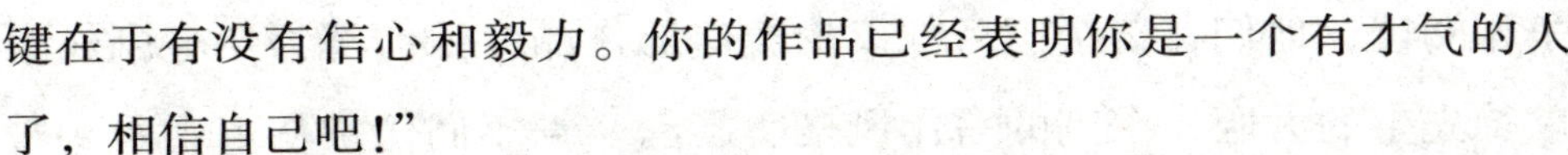

键在于有没有信心和毅力。你的作品已经表明你是一个有才气的人了，相信自己吧！”

听了默尔克的话，歌德开始认真地修改起自己的作品，他不停地写呀改呀，改呀写呀，又再次花了几个星期的时间才把稿子改好。

歌德将修改后的稿子寄给默尔克后，突然又一次对自己失去了信心。他想：“我修改得怎么样呢？默尔克还会那么看好我吗？唉！我总是让别人失望，以前是赫尔德尔，现在是默尔克。也许这次他再也不会对我那么有信心了。”

几天后，默尔克再次回信了，他在信中大力表扬了歌德修改后的稿子，并要求歌德将出版的权利授权给自己，他想要立即出版这本书。

歌德有点不敢相信，他亲自前往达姆斯塔特城找到默尔克，对默尔克说：“你真的决定了吗，真的要将它出版？”

“当然，我是说到做到的，就看你的了。”默尔克很有信心地说。

“可是，如果出版以后得不到读者该怎么办？”歌德还是很担心。

“不会的，歌德先生，我相信只要有一个人看过它，他一定会向其他人推荐这本书的。到时候，你会得到很多的读者，或者是整个德国，甚至是整个欧洲。”默尔克满怀信心地说。

默尔克的信心也传递给了歌德，他点点头同意正式出版。

不过，当时出版一本书可不是一件容易的事。从这一年的年底歌德将书稿拿给默尔克到图书的正式出版，足足又过了一年多的时间，也就是 1773 年 6 月这本书才正式出现在德国的图书市场。

为了使这本书能够得到更多人的关注，在出书前，默尔克先生专门在自己主编的杂志《法兰克福学者报》上写了一篇文章，向人们介绍它，这样，当《铁手骑士葛兹·冯·伯利欣根》书本还没有正式发行前，人们就已经听说它了。

当书正式流入市场后，这本书很快就卖完了，各个阶层的人们都争相阅读，他们在茶余饭后都议论着这部作品，他们都为年轻剧作家歌德先生的大胆、深刻的写作风格所震动。青年们仿佛从书中看到一面“狂飙突进”的大旗，指引着他们走向自由的世界；老年人则反对其中对于暴力统治的歌颂；批评家们发表针锋相对的批评文章进行讨论。

歌德没有想到自己的作品这么受人们的欢迎，他觉得自己的成功都是拜默尔克先生所赐，他激动地找到默尔克，重重地握住对方的手说：“默尔克先生，让我怎么感谢您呢？”

此时，默尔克先生因出现盗版书，差点把本钱赔光，他正为没能挣得更多的出版费用而着急。听了歌德的话，他幽默地说：“歌德先生，只要你以后写出的作品都让我出版，就是对我最好的感谢了！”

歌德重重地握住默尔克的手，同意了他的要求。

《铁手骑士葛兹·冯·伯利欣根》使年轻的歌德一举成名，仿佛是一夜之间，他就变为德国家喻户晓的人物。

到最高法院深造

歌德在加入当地律师协会不久，1772 年 5 月 25 日，又获准进入韦茨拉尔德意志帝国最高法院深造。

韦茨拉尔是一个只有四五千人的小城，这里并非最好的进修之地。只不过因为歌德的外祖父曾在这里工作了 10 年，所以，他的父亲便想让他在这里提高一些法律知识，以便得到晋升的机会。

可是，歌德对司法工作并没有多大兴趣。他到达这个小城后，大部分时间都是和当地的青年作家一起度过的，他参加青年作家们各式各样的聚会，仿佛过起了第三次大学生活。

这年 6 月 9 日，歌德应邀到离韦茨拉尔两里地的福尔佩特豪森参加舞会。在舞会上，他认识了聪慧而贤淑的姑娘绿蒂·布弗。

当天，绿蒂穿着朴素的连衣裙，笑盈盈地走到歌德的面前，歌德觉得，她就像是一朵清新的春天的花朵。

朋友们向歌德介绍，在绿蒂 14 岁的时候，她的母亲就留下绿蒂和 10 个年幼的弟弟妹妹病逝了。母亲在临终前把家庭重担托付给绿蒂，要她好好照料父亲，抚育弟弟妹妹，做弟妹们的“好妈妈”。绿蒂虽是次女，但他们的大姐卡萝莉妮不善于料理家事，于是，年轻的绿蒂一个人就负担起了 10 多口人的家务，并把家务料理得井井有条。

听说了绿蒂的故事，24 岁的歌德马上喜欢上了这位妙龄女孩，他热情地邀请她跳舞，并和她愉快地交谈，舞会结束后，歌德又得到了绿蒂的邀请到她的家“德意志馆”做客。

歌德第二天就专门拜访了绿蒂的家。歌德非常喜爱孩子，他很快和绿蒂的弟弟妹妹们成了好朋友，尽管歌德的法律辩护词说得不好，但他却会讲很多有趣的故事，孩子们围在他的周围，和他相处得非常愉快。

歌德很快成了“德意志馆”的常客，他几乎每天都要与绿蒂和她的弟弟妹妹们见面，他希望每天都能见到自己心仪的女孩。

不过，歌德的这种愉快心情很快就被一件事破坏掉了。一天，当他再次来到“德意志馆”的时候，绿蒂的家里多了一位年轻帅气的先生。

绿蒂拉着这位先生的手，高兴地为歌德介绍：“歌德先生，请允许我向你介绍我的未婚夫克斯特纳。”

歌德强忍着内心的悲伤和克斯特纳握手：“你好，我是约翰·沃尔夫冈·歌德，很高兴认识你。”

歌德真是难过极了，他没有想到自己心仪的女孩竟是有男朋友的，他感到太意外了。

歌德为自己找了一个理由快速地离开了绿蒂的家，他决定从此后再也不见绿蒂了。

这时，歌德才发现自己已经深深地爱上了绿蒂，他一次次地提醒自己：“哦，不行，绿蒂是已经有未婚夫的，我还是不要去见她了。”

通过和克斯特纳的交往，歌德发现，克斯特纳是一个沉着、真诚、见多识广、富于理智的人，他们很快也成为一对要好的朋友。歌德没事的时候，常常和克斯特纳愉快地交谈。

在“德意志馆”，虽然歌德名义上是绿蒂和克斯特纳的朋友，但歌德却又是克斯特纳先生的情敌。歌德对绿蒂的恋情一天比一天炽烈，后来几乎达到不能自拔的地步。善良的绿蒂看到歌德对自己的痴情，也非常难过，但她始终忠实于对克斯特纳的爱情，她能够给予歌德的，只能是友谊。

克斯特纳也是个胸襟非常开阔的青年，他明知道歌德热恋着自己的未婚妻，却对歌德没有一点妒忌、猜疑或憎恨，他始终尊敬歌德，

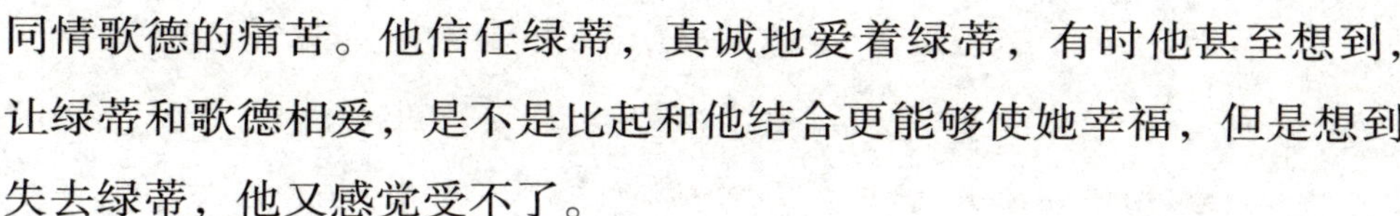
同情歌德的痛苦。他信任绿蒂，真诚地爱着绿蒂，有时他甚至想到，让绿蒂和歌德相爱，是不是比起和他结合更能够使她幸福，但是想到失去绿蒂，他又感觉受不了。

歌德的心情更是复杂，他处在友谊和爱情、欢乐和痛苦、希望和失望相互交织的矛盾心理中，经过几天几夜的痛苦思考，歌德暗暗说道："我不能再干扰他们的生活了，我需要换一个环境。"

9月上旬的一天，歌德最后一次来到了"德意志馆"，他和往常一样与绿蒂和克斯特纳愉快地交谈，他们像平常一样聊天，最后谈到了关于人死后是否会还阳的事情上来。歌德向克斯特纳两人提议，他们三人中，如果有一个人先死了，要是可能的话，就要把另一个世界的生活告诉给活着的人。

绿蒂和克斯特纳高兴地接受了歌德的建议，他们并不知道这是歌德对他们夫妻告别前的最后要求。歌德在心里默默地祝福他们："亲爱的朋友，衷心地希望你们永远幸福!"

当天晚上，歌德给克斯特纳和绿蒂写了两封信，第二天清晨就不告而别，在给克斯特纳的信上，歌德写道：

我走了，克斯特纳，当您收到这封信的时候，我已走了。请将附的这张便笺交给小绿蒂。我很镇定，但是你们的谈话把我扯开了。

此时此刻我只能对您说：祝您生活愉快。要是我在您处再停留片刻，我会抑制不住的。现在我只剩一个人了，明天我就走了。啊，我这可怜的人啊。

在给绿蒂的附笺上，歌德这样写道：

我当然希望再回来，但是天知道在什么时候？绿蒂，你的话是怎样深深地坠入我的心底，我知道这是和你最后一次见面了。不是最后一次，可是我明天就要离开了。

我走啦！不知道怎么会鬼使神差叫你们谈到那个话题上去，讲出我所感受的一切，唉，我在这儿所关怀的，是你的手，我最后一次亲吻了它；还有那间屋子，我将不再进入；还有你那亲爱的父亲，他最后一次看着我走出门外。现在我独自在这里，我可以哭泣了；我让你们幸福，我将留在你们的心中。我会再见到你们的，可是不是明天！告诉你的弟妹们，我已经走了。

我不能再写下去了。

在清晨临走前，歌德又在写给绿蒂信笺上添上几句：

绿蒂，行装已整理好。天亮了，还有一刻钟我就走了。我忘不了您给弟妹们分发面包的情景。

绿蒂，在我没有什么话可写的时候，我写这些，请您原谅。因为您知道一切，知道我这些天多么幸福。

我走了，去最亲爱的人们那里。但是为什么离开您？这就是我的命运。不管是今天，明天和后天，我大概不能再经常这样开玩笑了。我是快乐勇敢的人。

亲爱的绿蒂，您比上百的人更幸福，只是希望您不要对人冷漠。

亲爱的绿蒂，我感到幸福的是，我从您眼里看出，您相信我永不会变心。

再见！一千次道别！

写出传世名著

歌德离开韦茨拉尔，沿着莱茵河徒步旅行。一星期后，他坐在了莱茵河畔科布伦茨附近一幢漂亮的别墅里。

别墅的主人是一位刚成名的德国第一个女作家莎菲·拉·罗歇。她身旁站着16岁的大女儿玛克西米莉安妮。

小安妮开朗的脸，白皙的皮肤，乌黑的眼睛。歌德一看见她，就想起绿蒂，歌德在自传《诗与真》中回忆说："两个女儿跟我在一道。其中大女儿对我特别有吸引力。在旧的爱情还没有完全消失的时候，新的爱情就萌芽，使人感到非常愉快。这正像刚在落日茫茫的时候，新月从对面出现，看见日月双悬的两重光辉而欢悦不胜那样。"

歌德和小安妮相处了短短的5天，遗憾的是这个少女拒绝了歌德的追求，直至晚年，歌德还没有忘记这位少女的黑亮的眼睛。

歌德回到故乡法兰克福后，重操旧业，从事律师业务。他虽然才华出众，出口成章，但却不是个打官司的能手。在唇枪舌剑的较量中，他没有占到多少便宜，因此业务清淡。这倒给了他较多的时间从事他所喜爱的文学和绘画，他写了一些剧本、诗歌和理论批评文章，在法兰克福的刊物上发表。

又过了一段时间，歌德在自己的家乡法兰克福的街头意外地遇到了克斯特纳。他们激动地拥抱了对方，彼此述说着分别后的情景，此时的歌德才彻底明白，自己虽然已经把对绿蒂的爱转移到了16岁的小安妮身上，但他对绿蒂仍然没有忘怀。

和克斯特纳再次分别后，歌德开始给克斯特纳和绿蒂去信，他给绿蒂寄去大量的信件，向她倾诉自己的相思之情，求她不要忘记自己。他还在自己床头的墙上挂着绿蒂的剪影，以便朝夕相见。

时间一天一天地过去，尽管歌德一次一次地向克斯特纳述说着自己心中的矛盾与对绿蒂的爱，但克斯特纳和绿蒂最终还是结婚了，歌德非常伤心，他没有去参加他们的婚礼，而是选了一对结婚戒指送给这对朋友。

在克斯特纳夫妇结婚后不久，从韦茨拉尔传来歌德的另一个朋友耶路撒冷自杀的消息。

耶路撒冷是歌德在莱比锡大学时的同学，他身材中等，身体健美，长脸带圆，金发碧眼，常爱穿着蓝色的礼服、浅黄色的背心和裤子，以及褐色的长靴。

毕业以后，他在驻韦茨拉尔的布隆斯维克公使馆里做秘书，和克斯特纳是同事。他是一个很有才华的人，和剧作家莱辛很要好，莱辛很赞赏耶路撒冷的才华，常在自己编辑的报刊上发表耶路撒冷的文章。

他爱好文学和艺术，这方面和歌德的兴趣相似，歌德去韦茨拉尔后，曾和他见过几面。

耶路撒冷生性比较沉默抑郁，好幻想，他的这种性格和公使馆里的官僚习气格格不入。这个受到压制的孤独青年常常深夜独自在月光底下漫步，在一些悲剧中寻找自己的知己。他爱上了一位同事的妻子，就如同歌德爱上绿蒂一样，自然是一个没有结果的爱情。

在工作上、社会上、爱情上的处处碰壁，使耶路撒冷的性格忧郁而懦弱，他没有像歌德那样毅然地从不幸的旋涡中脱身出来，而是采取了消极的手段，借了朋友克斯特纳的手枪，用一颗子弹结束了自己年轻的生命。

听到耶路撒冷的死信后，歌德立刻给克斯特纳写信，对这个不幸的消息表示震惊。克斯特纳回信将耶路撒冷失恋和自杀的详细情形告诉了歌德。耶路撒冷的死成了一根点燃的导火索，引爆了歌德胸中埋

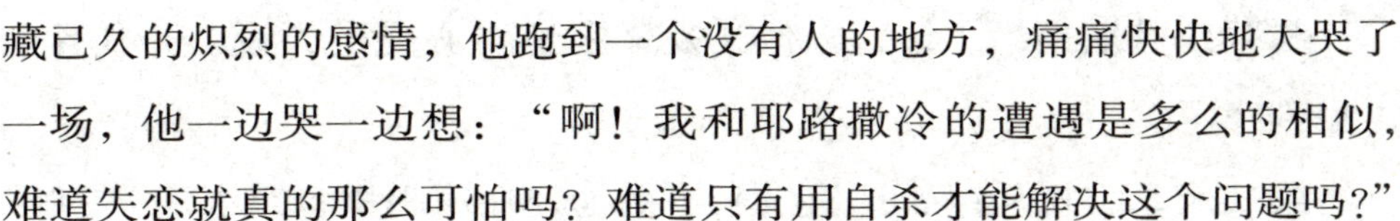

藏已久的炽烈的感情，他跑到一个没有人的地方，痛痛快快地大哭了一场，他一边哭一边想："啊！我和耶路撒冷的遭遇是多么的相似，难道失恋就真的那么可怕吗？难道只有用自杀才能解决这个问题吗？"

歌德的心里沉甸甸的，他觉得自己必须寻找一个什么方式发泄一下，可是，他想了很久，却一直找不到该用什么方式平静心情。

就在这个时候，歌德的第一部作品《铁手骑士葛兹·冯·伯利欣根》出版，默尔克先生同他见了面，希望他再接再厉写出更好的作品。

默尔克先生的提议让歌德精神大作，创作的激情又一次回到了他的身上，他要用手中的笔写下心中的苦闷，他要以自己的亲身经历为背景，把自己深爱的绿蒂和朋友克斯特纳，以及耶路撒冷的故事都写进作品，他不停地写呀写呀，写得手发痛、发酸，却就是不肯停下来。一个月以后，歌德终于完成了他的第二部作品《少年维特之烦恼》。

这是一部自传体和书信体小说，小说的情节是这样的：少年维特到一座小镇来处理母亲的遗产，淳朴的农民和天真的儿童使他感到一种新的希望。

在一场舞会中，维特爱上了一个叫绿蒂的姑娘，认为她体现了作为一个人的纯真本性，但绿蒂无法与他结合，因为她早已和别人订婚，这引起维特巨大的痛苦。

分手之后，维特又把幸福寄托在当外交使团的官员上，但是，他憎恶封建的官场生活，与周围的环境格格不入，一场个人的灾祸使他落荒而去。他又回到绿蒂那里，这时绿蒂已决定嫁给别人，她不敢也不可能追随维特那坚决而大胆的叛逆行为。

维特陷在爱情中不能自拔，他决定以一死求得感情的解脱。他前去向绿蒂诀别。在吟诵苏格兰诗人奥西安的《塞尔玛之歌》时，他情感迸发，在狂热中把绿蒂拥入怀中，发狂地吻她。

绿蒂庄重地拒绝了维特。他又爱又恨地对心爱的人说："你不会再见到我了。"

第二天，维特从绿蒂那里借来了手枪，在房间里自杀了。

歌德把这部稿子交给默尔克先生出版，正在排印的过程中，歌德又得知自己的心上人绿蒂做了母亲的喜讯，他高兴地写信去表示祝贺，并要求克斯特纳夫妇为自己的孩子取名为"沃尔夫冈"，因为，那是歌德自己的名字。

歌德还把自己即将出版下一部新书的喜讯告诉给了克斯特纳夫妇，他在写给他们的信件中说："不久，我将给你们送来一位朋友，他和我非常相似，希望你们喜欢他。他的名字叫维特，他现在和过去都是……好吧，让他自己来告诉你们吧！"

这一年9月，也就是歌德离开韦茨拉尔的两年以后，《少年维特之烦恼》出版了。歌德没有想到，这一本薄薄的小书，一经出版，便立即倾倒了成千上万的读者，歌德高兴地给克斯特纳夫妇也寄去了一本样书，他想要好友和自己一起分享成功的喜悦。

但是，让歌德没有想到的是，尽管他的这本书得到了绿蒂弟弟妹妹的喜爱，却影响了克斯特纳夫妇的生活。因为，好奇的读者们很快就打听到了书中故事的原型人物，他们认为维特的自杀都是由于克斯特纳夫妇间接造成的，各种流言蜚语在克斯特纳夫妇周围传开。

一向冷静的克斯特纳先生再也受不了了，他生气地给歌德写信，说歌德不应该用部分原名，以及在书中编写一些不该有的情节。

歌德这才意识到自己的书对朋友造成的伤害，他立即为他们回信，一面解释这是写作艺术的虚构，不是真实事情的记录，一面央求克斯特纳的原谅，他在信中这样说：

亲爱的愤怒的朋友，我必须立刻写信给你们，我要解除我心头的重负。木已成舟，书已经出版了，如果你们能够原谅我，原谅我吧。我迟早会听到，事实证明你的忧虑是多余的，你也确实感到这本书是虚构和实事交织起来的。

亲爱的克斯特纳，你已经竭力使我的辩解站不住脚，我还能说些什么呢？然而我心中还有很多的话想说，虽然我无法表达。我只好沉默，但是我必须依旧保留那甜蜜的预感，我希望永恒的命运会把我们比以往任何时候联系得更加紧密……

歌德把信寄出去后，焦急地等待着朋友的回音，他自言自语地说："希望克斯特纳先生可以不去理会那些流言，希望我们的友谊可以继续。"

克斯特纳先生果真原谅了歌德，他们的友谊恢复了，歌德感到无比幸福。

虽然歌德和朋友的友谊恢复了，可他的这本小说却在外界引起狂风暴雨般的反响，围绕这本书，毁誉交加，反对和赞美的声浪一阵高于一浪。

在反对者中间，有的是恶毒攻击，肆意诋毁，有的是善意批评，诚恳建议。最狠毒的批评来自一本正经的天主教会，他们认为《少年维特之烦恼》是一部"淫书"，并要求政府出面，禁止此书的发行。

封建反动当局，还利用手中的特权，采取禁售和没收的手段，企图将该书扼杀在摇篮里。

在莱比锡等城市，政府明令禁售，违者处以罚金；在意大利米兰刚出现《少年维特之烦恼》时，当地大主教便吩咐僧侣们在各地区把整版译本都买去，然后偷偷摸摸地销毁；而其他国家，如丹麦，也把它列为禁书。

但是，禁售和反对的声音远远敌不过赞美的声浪。《少年维特之烦恼》一出版，立刻风靡德国和欧洲，倾倒了一代青年，很快译成英、法、意、西等20多种文字，有些国家还出版了几种不同的译本。

在青年中间掀起了一股狂热的“维特热”，他们穿上维特式的蓝色燕尾服，黄色背心，讲着维特式的话，模仿维特的一举一动，也有极少数人甚至依照维特的自杀方式，一枪结束了自己的生命。

面对少数人的自杀事件，把《少年维特之烦恼》视为眼中钉的天主教会借题发挥，大肆攻击。

有一次，英国主教布里斯托会见了歌德，布里斯托用非常粗野的态度质问歌德：“你知道吗？你的‘维特’使欧洲一些青年人模仿维特的样子去自杀，这是你的罪过，难道你的良心没有受到责备吗？让人走向自杀是不道德的，要受到上帝的惩罚和谴责的。”

歌德对盛气凌人的主教大人毫不示弱，他即刻针锋相对地反驳道：“你有什么资格责备我？难道你的罪过还小吗？我问你，有些大人物发动不义的战争，把数万民众送上战场，一死就是八九万人，难道这不是残暴的行为吗？你为什么不谴责，反而为他们歌功颂德，唱‘颂圣诗’！”

“还有，你经常用地狱的惩罚来说教，让一些胆小可怜的人精神失常，有的被关进疯人院，过一辈子悲惨痛苦的生活。还有，你们用违反理性的传统教义，让人们以死去寻找天堂幸福，你说，你应该受到什么样的惩罚呢？”

停了一下，歌德又接着说：“至于对我的作品，你完全是曲解。你对一部被某些心地褊狭的人曲解了的作品横加斥责，而这部作品至多也不过使这个世界甩脱十来个毫无用处的蠢人，他们没有更好的事可做，只好自己吹熄生命的残焰，我自以为这是替人类立了一大功，值得你感谢。”

歌德这一番话，说得主教大人哑口无言，布里斯托转而变得对歌德彬彬有礼，他要求歌德想办法劝阻那些为了《少年维特之烦恼》而模仿维特自杀的年轻人。

歌德也感到事情的严重性，他深感自己的小说受到了人们误解。

在《少年维特之烦恼》再次出版时，歌德在扉页上题了一首诗，劝告青年人，不要效仿维特，这首诗就是著名的《绿蒂与维特》。诗的内容如下：

青年男子谁个不善钟情？
妙龄女人哪个不会怀春？
这是我们人性中之至圣至神；
啊，怎样从此中有惨痛飞迸！
可爱的读者哟，你哭他，你爱他，
请从非毁之前救起他的名声；
你看呀，他出穴的精灵正在向你目语：
请做个堂堂男子吧，不要步我后尘！

歌德希望人们看到这首诗以后，能够从小说的情节中清醒过来，以此减少再步“维特”后尘的年轻人。

这本书是一本很平常的描写三角恋爱的小说，为什么竟然轰动一时呢？根据歌德自己的分析，这与当时的社会背景有关。

在当时，德国还是一个封建社会。人性受到压抑，个性没有解放，恋爱没有自由，青年人受到各种封建观念的束缚，他们的种种热情得不到激励，空有雄心难以干一番事业，只能在精神空虚的生活中彷徨、感伤、厌世。当时的青年中已埋藏有厌世观的炸药，一触即发。所以，这部小说受到精神苦闷的青年的热烈欢迎。

对于歌德书中维特自杀的结局，不少卓有成就的知名作家却多有微词，德国启蒙主义思想家、文学家尼古拉就是其中的一位，他在阅读完《少年维特之烦恼》以后，写了一本《少年维特的喜悦》来和歌德唱对台戏。

尼古拉将歌德的结尾改成了当精神错乱的维特准备自杀的时候，

一个聪明的医生偷偷地用一把装着鸡血的手枪换下了维特的手枪。结果便出现了自杀不成，喷了一身的鸡血这一令人啼笑皆非的场面。后来绿蒂嫁给了维特，故事以大团圆结束，皆大欢喜。

歌德看到尼古拉居然篡改自己的作品，写出这样拙劣的作品，真是哭笑不得，他写了一首很短的嘲笑诗《维特墓前的尼古拉》，又写了一段绿蒂与维特对话的小剧，将尼古拉戏谑一番。

需要指出的是，尽管歌德的《少年维特之烦恼》遭到了各种禁止和议论，但这股热浪不但在德国流行一时，还波及英国、法国、荷兰和北欧诸国，在各个阶层都产生了巨大影响。

文艺界的知名人物，像歌德的前辈、当时最负盛名的诗人克洛普施托克，对《少年维特之烦恼》也赞美备至，连叱咤风云、戎马半生的法国大皇帝拿破仑也对《少年维特之烦恼》十分喜爱，共看过7遍之多，在远征埃及途中，拿破仑也不忘记把它带在身边。

《少年维特之烦恼》是体现“狂飙突进”运动实绩的最主要作品，维特那种渴望摆脱时代一切束缚的叛逆者形象，同《铁手骑士葛茨·冯·伯利欣根》一样，也是“狂飙突进”运动中的一个英雄形象，被誉为“钉在十字架上的普罗米修斯”，成为世界文学史上一个不朽的典型。

在人们的毁誉声中，26岁的歌德一举登上了世界著名文学家的台阶。

进入魏玛宫廷

歌德的剧本《铁手骑士葛兹·冯·伯利欣根》引起轰动之后，他接着写了不少的文章和作品，例如《论德意志建筑艺术》《暴风雨中漫游人之歌》《萨图罗斯》《戏剧协奏曲》《众神、英雄和维兰特》《艾尔温和爱尔米勒》和《牧师的信》，未完稿《浮士德》《普罗米修斯》和《穆罕默德》等。

这些文章和作品有的还放在抽屉里没发表，有的发表了，也没有引人注意。只有《少年维特之烦恼》给歌德带来了世界性的声誉。

随着这部作品被越来越多的人阅读，歌德的名字越传越远，他每天都会接到来自世界各地的来信，来信大都是赞美歌德的文章，这令歌德更加勤奋地写作。

1774 年 12 月的一天，歌德正在家里构思一部作品，他的母亲推门进来告诉他说："孩子，外边来了一位名叫克内贝尔的先生想要见你呢！"

歌德很奇怪，因为他从来就不认识这个人啊，他对母亲说："是怎样的一位先生呢？"

母亲说："哦！他说是你的读者。"

歌德最尊敬自己的读者了，他马上放下笔，去客厅会见客人。

客人见到歌德自我介绍说："您好！歌德先生，我是魏玛公国的宫廷使者克内贝尔。我国公爵卡尔·奥古斯特君主从卡尔斯鲁厄回魏玛，路过法兰克福，现住在罗马恺撒旅馆内，我奉君主之命，特来'召宴'先生。"

听说对方是宫廷使者，歌德立即请他入座。他诚恳地询问克内贝尔："可是，我和公爵并不认识呀？他为什么要召见我呢？"

克内贝尔回答："是的，先生，我国公爵很喜欢您的作品，他认为维特的死，社会是应该负有责任的，您的作品，从另一个角度来说，也是一部社会小说，因此，我国公爵很希望能够和你详谈一次。"

歌德立即决定和这位公爵先生见面，他换了一身庄重的衣服和克内贝尔一起前往罗马恺撒旅馆。

歌德以为"召宴"就是召来赴宴，接见后会有宴席，可魏玛君主并没有进餐室，反而下楼出门，坐上马车上街去了。剩下歌德一人站在街上发愣，他没有向君主行告别礼，却见君主回头向他诡秘地一笑。

歌德不明白到底是怎么回事，他回家后便询问见多识广的父亲。

他的父亲卡斯帕尔先生解释说："真是个孩子，聪明一世，糊涂一时。所谓'召宴'就是口头上的一句应酬话，并非真的宴请。"

歌德这才明白，原来是自己的无知，才闹出笑话来，他心想：魏玛君主可能觉察出我的可笑行为，我真应该多多学习一些宫廷的礼节。

第二天，歌德在街上遇到了克内贝尔先生，他用和蔼的态度对歌德讲了上次召宴的事，并用委婉诙谐的口气责备他行为的不妥。歌德一面感谢克内贝尔，一面请求他代自己向君主郑重致歉，请其宽恕自己的过失，并希望再次得到公爵的接见。

过了几天，魏玛君主又请歌德到旅馆相见。当时这位君主刚刚执掌政权。歌德走进君主的房间，朝君主深深地鞠了一躬，然后抬起头来，审视对方，正好与君主的眼光相遇，他俩都笑了。

歌德本想与君主谈诗歌小说，可灵机一动，忽然觉得这位刚刚执政的君主会对国家大事更为关心，凭着自己几年来的律师工作经验和阅历，凭着自己的政治知识，能很好地发表一些政论。两人没有谈上几句，歌德就把话题引到治理国家大事上，他的精辟见解和论述，一

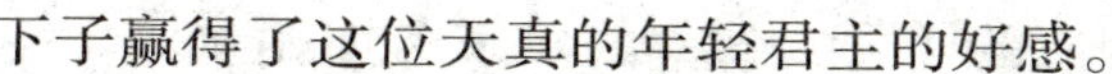
下子赢得了这位天真的年轻君主的好感。

这位名叫卡尔·奥古斯特的公爵刚满 18 岁不久，他才从自己的母亲安娜·阿玛丽亚手里接过权力。安娜·阿玛丽亚因丈夫早死，两个儿子尚未成年，曾做了 16 年的摄政王。她是布伦瑞克—沃尔芬比特尔公爵和普鲁士国王弗里德里希二世胞妹之女。魏玛公国由于依附普鲁士，在 7 年战争中也跟着受害，承担了不少军费，多亏安娜·阿玛丽亚很能干，才渡过难关。

1762 年她任命封·葛茨伯爵负责两位王子的教育工作。葛茨伯爵本人富有外交经验，又聘请一批有才学的家庭教师和耶拿大学教授任教，因此，两位王子均受到了良好教育。语言、文学、历史、哲学、经济、数学、骑术、斗剑、戏剧表演和舞蹈等都曾学过。

奥古斯特公爵初掌国政，雄心勃勃地准备干出一番事业，他对歌德如此丰富的知识感到惊异。他暗中思忖：这个人将是我的一个多么好的大臣。而且，他看中歌德是一个猎趣的伙伴，一个极妙的感情解说者，因此他断定没有别的良师益友比歌德更有能力帮助自己成为一个成熟的统治者。公爵这么想着，恋恋不舍地离开了法兰克福。

1775 年 9 月，公爵和新婚夫人路过法兰克福，他诚恳地邀请歌德访问魏玛，歌德本来就想出去走走，也就愉快地答应了。因为公爵还有别的事情，不能和歌德一起回魏玛，他对歌德说：“我们要先走一步，下个月初我会派马车和宫廷侍从来接你。”

歌德愉快地答应了。没想到，歌德在等待公爵派车来的时候，却出现了一点小小的麻烦。

原来，公爵派来迎接歌德的宫廷侍者并未在 10 月初如期到来，而歌德已事先向众亲友辞别，行装都预置好了，在这种情形下，歌德只好暂居家中，埋头创作计划中的戏剧《埃格蒙特》。

等待，是一段难熬的时光，好多个夜晚，歌德都不能安心待在家中，他披着宽大的外套在街上闲游。

看到儿子焦急不安心乱如麻的样子，歌德的父亲卡斯帕尔先生发了话，他说他看不惯小国君主那种派头，也只有在法兰克福这个小地方他才能获得尊敬。他劝导儿子说，坐着马车到魏玛那个边远的默默无闻的小城市去，不如去意大利旅行。

接着，卡斯帕尔又为儿子分析说："上次召宴就是一种虚无的宴会，就是存心要愚弄人。这次的邀请恐怕也是一种空中楼阁，我很怀疑会有什么使者和马车来接的事。这很可能是一种恶作剧，是作践和侮辱我们。我觉得，与其你在家傻等着，还不如马上出去旅游，这样，也好避免亲朋好友笑话你。"

歌德一直等到了 10 月的月末，终于接受了父亲的建议，去意大利旅游。他选择了从海德尔堡到格劳本敦或提罗尔，再到阿尔卑斯山这条路线去意大利。

1775 年 10 月 30 日，歌德从法兰克福动身，首先去了海德尔堡，恰在此时，因种种原因耽误了行程的魏玛宫廷武官快马加鞭赶到法兰克福。当他们得知歌德已经外出，便赶忙送快信到海德尔堡将歌德截住。

歌德为自己的轻率和耐心不足而抱歉，他决心随武官访谒魏玛。歌德迈上了前往魏玛的豪华马车，从此开始了新的生活，并永远地离开了他的故乡。

显露政治才能

1775 年 11 月 7 日凌晨 5 时，歌德在内侍总管克内贝尔的陪同下，到达了魏玛。

魏玛是 1741 年建立的萨克森·魏玛·埃森纳赫公国的首府。这个公国是当时德意志民族神圣罗马帝国的 300 多个邦国中最小的邦国，面积约合 55 平方英里，人口不过 11 万。年国库收入只有 6 万塔勒，这相当于英国或法国一个地主的收入。因此魏玛公国经常入不敷出，寅吃卯粮，债台高筑。卡尔·奥古斯特公爵的祖父暴虐无道，大兴土木，区区小邦，竟维持一支 4000 人的军队。1748 年他去世时欠的债务高达 36 万塔勒。

魏玛市就更是一个弹丸之地，居民 6000 人，只相当于法兰克福郊区萨克森豪森的人口。赫尔德尔称之为“介于村庄和宫城之间的地方”。

初到魏玛，这里的市容给歌德的印象很不好。入城的路是乡间土路，连街道都谈不上。城内房屋稀少，而且简陋不堪。宫殿及其配房约占全城房屋总量的 1/3。两年前宫殿失火，残垣断壁，烟熏火燎过的残迹历历在目，更添几分荒凉。

下车后，歌德暂住在克内贝尔矮小的府邸里。

此时的歌德已经是全国知名的人物，他又是公爵请来的客人，因此，他的到来引起了魏玛的巨大轰动，不少人效仿他，穿上“维特服”。

初到魏玛时，歌德主要是陪着卡尔·奥古斯特公爵玩耍。年轻的公爵先生有着火山一样的气质，行为放荡不羁，喜爱运动和文艺，但缺乏政治家的风度和统治国家的经验。他邀请歌德来魏玛，并不是真正了解和看重这位诗人的天才，更多的是想找一位游乐的伙伴。

歌德和公爵朝夕相处，几乎形影不离。在开头的两个月里，他们经常骑着烈马，跋山涉水，外出狩猎，晚上就在旷野里露宿，有时生起一堆篝火，和乡村姑娘们翩翩起舞。

冬天湖面结冰，魏玛人还没有时兴溜冰，歌德带头在冰上施展飘逸潇洒的舞姿，一时间，在“天鹅湖”上溜冰成了上流社会人士时髦的娱乐。有时候，在湖上点燃火炬和灯火，点放烟火，奏起音乐。一些贵妇人乘着冰橇，在喧闹的湖面上来回疾驶，她们的脸上戴着假面具，恣情嬉笑，就像是在过狂欢节一样。

歌德以他的才华、风度和青春的活力不仅征服了年轻的公爵，也使宫廷圈子里的不少人为之倾倒，奥古斯特公爵的母亲阿玛丽亚女公爵热爱天才，歌德的才能令她折服。

实际上，歌德表面上是陪着奥古斯特公爵玩耍，私底下，他却在认真地观察魏玛的政治情况。他要弄清魏玛公国各方面的事情，要把周围的大臣、贵族的情况弄清楚，以便决定他今后的从政行动。经过近3个月的了解，他已经把情况掌握了。这时他脑子里转着一个大问题：留在魏玛，还是离开？

歌德需要把这个重大决策想清楚。圣诞节时，他暂时撇开公爵和宫廷生活，跑到远郊的山村里，过几天宁静的生活，把问题好好地想一想。

歌德反复地思考着去留的利弊。他认为，奥古斯特公爵是重视自己的，还有邻近的艾泽纳赫公国的君主也重视他，他们会让他参与政权工作的。歌德还设想了一个治国的纲领，有信心把这里治好。经过一个半月的思考，他终于作出决定：“我要以最直接的方式参与一切宫廷的和政治的事务。”

在山里，歌德一封封地给君主写信，在信中讲解一些有趣的故事和亲切的问候。他在信中有意地讲了一个《圣经》中的故事：描写上帝毁掉了一个国家，毁掉了这里的一切，赶走了居民，那些快快活活的人们如今都发出痛苦的呻吟。暗示作为君主的公爵应该管好国家大事，不要让黎民百姓遭受痛苦。

有一天，歌德觉得自己应该询问公爵是否决定留下自己的问题，他便向公爵写去了一封辞行的信。

公爵很快就回信了，他在信中对歌德说：

歌德博士，我真诚地恳求您，回到魏玛来，不是作为客人，而是作为大臣。希望您答应我的请求；帮助我治理魏玛。

永远爱你的奥古斯特

歌德终于从山村返回到魏玛市，公爵知道歌德回来的消息，想尽办法要把他留下。歌德在魏玛没有职务，也没有工薪，而他父亲也不给他分文，公爵便一次又一次地给他送钱用，并给歌德在伊尔姆河畔买了一套带花园的房子，让他住下，请求他帮助料理宫廷事务。

歌德当然非常愿意留在魏玛，因为他觉得留在这里比待在自己家当律师要好得多，他给自己的朋友写信说："我大概将留在这里，尽我之能做一些事情，逗留时间的长短只好听从命运的安排。哪怕只有几年时间，也总比待在家中虽有志向而无所事事要好得多。在这里，我的地位够优越的了，现在该我来认识一下这块土地了，只是这就已经给我带来了许多欢乐。公爵也因我的到来而热爱工作了，而且，由于我完全了解他，我对许多事情都毫不担心。"

歌德建议奥古斯特公爵，让把具有自由思想的狂飙运动的主将赫尔德尔牧师请来做本区的主教。君主不顾这里大多数僧侣的反对，马上就答应了。

此时，歌德的心里隐藏着魔鬼普罗米修斯的宏伟计划。他要把魏玛小君主造就成为大人物。他要在公国内建立巨大的功业。他要用自己的全部才能和智慧去奋斗。

1776年6月，奥古斯特公爵和大臣们讨论让歌德以公爵私人顾问的身份作为枢密参事正式参与魏玛国政。

这可气坏了宫廷中的一些老大臣们，因为歌德虽享有文名，但究竟有没有处理行政事务的能力尚不可知，而且歌德还不是贵族，他怎么能够担当这个职位呢？但宫廷年轻的贵族们却非常支持公爵的决定，他们寄希望于歌德大展宏图，改变其时死水一潭的政治局面。

这样一来，在魏玛中枢领导机构中形成了两派：少数派拥护歌德，主张建立新的制度；多数派都是老贵族，他们以首相冯·弗里奇为首，坚决维护传统的保守的政治制度。老首相对任命歌德为枢密顾问官提出抗议。他向公爵提出，如果让歌德参加枢密会议，他就辞职。

在这两难之中，奥古斯特公爵听从了母亲的教导，对这位父辈的老臣进行劝说，要求他留下。

为此，公爵解释说："歌德博士虽然不是贵族，可他有处理事务的才能，如果不把一个天才人物放到能发挥他的才能的位置上去，那就是糟蹋人才……世人反对我把歌德博士安排到我的最重要的枢密院去工作，说我不考虑他以前既非行政官员、教授，又非宫廷职员或政府职员。世人的这种反对是根本不会改变我的决定的。他们的反对是出于偏见，但是我和每一个愿意履行自己义务的人一样，并不是为了得到荣誉干事的，而是为了对得起上帝和自己的良心。"

经过公爵和其母亲的调解，弗里奇首相终于收回辞呈，答应同歌德一起共事。

实践表明，歌德并没有辜负公爵的厚望，他雄心勃勃、兴致冲冲地投入到新的工作当中。在这期间，他在给好友的信中说："如今，我已经尝到宫廷生活的滋味，现在我还想对治国安邦之事一试身手，并这样干下去。”

歌德分管的工作是多方面的，大到参与巴伐利亚王位继承、战争时期欧洲宫廷之间的高级政治谈判，小到制定防火条例，重新开发关闭的铜矿和银矿。

最初，歌德并没有具体的工作范围，只不过是公爵的私人顾问。这年 9 月以后他才成为正式的枢密顾问官，掌有实权。

同年 11 月 1 日，歌德在自己的花园中种下一棵菩提树，赋诗一首，题名《希望》，诗的内容如下：

希望自己的工作有所成就，硕果累累。
高贵的幸运，请你让我完成手里的日常工作！
别让我搞得筋疲力尽！这并不是空虚的梦想：
这些树木，现在是木桩，将来总会结实而成荫。

歌德用诗勉励自己，把手中的每件工作都做得有声有色。公爵对他更有信心了，让他担任了更多的事务工作。

歌德本来就想干一番事业，所以他办事极其认真。他亲自下去访贫问苦，体察民情。他的足迹踏遍了整个萨克森。在埃尔富特附近的阿波尔达发生大火，他闻讯后立即赶往出事地点指挥救火，他在救火中被烟熏火烤，眼睛感到灼痛。大火烧了一天才被扑灭。他向公爵提出了他拟定的防火条例。

伊尔姆河和萨勒河泛滥，歌德又匆匆赶往耶拿去处理水灾。他真正关心人民疾苦，全心全意地为他们工作。在头 4 年，他的工作很有成绩。在他的领导下，废弃了 40 年的伊尔梅瑙矿区恢复了铜矿和银矿的开采。1777 年 11 月他去视察了哈尔茨山矿区，然后组织了专门的领导班子——矿业部。

1777年以后，他先后担任军备大臣和筑路大臣，从此在魏玛公国各地奔波，招募和装备新兵，统领全邦500多名士兵从事警卫和联络工作，主管邦内的道路建设以及防洪和水道设施的建设，不久又接受委任，监督纺织品的生产，调查各地地质状况，组织木材贸易等。

两年后他主管魏玛市的城市建设工作，负责修筑全城的人行道和重建被大火烧掉的王宫。

歌德陷于各种事务之中，他确信只有坚持才有成功的希望，他在日记中写道："繁忙的压力对我来说是件很美的事。人最大的痛苦就是无所事事。如果一个人无所事事，即使生活再富裕，也会觉得厌烦的。"

歌德的努力得到了公爵的奖励，在他年满30岁的时候，公爵提拔他当上国防大臣和公共事务大臣，这可是一个平民能够达到的最高的职位了，歌德在接受新的任命后说；"真像做梦一样，在我30岁的时候，我得到了一个德国公民能够达到的最高职位。"

为了表示感恩和祈求神灵，歌德在魏玛公园树立了3位神灵的纪念碑：在公园的中心位置树立希腊神话中管理幸福与机运的女神提贺的纪念碑，希望她能给人们带来好的机运，使人们获得幸福；提贺的右边是罗马神话中守卫边境的神，希望她能给人们带来和平和安宁；提贺的左边是高擎火把、照亮人间的天才女神，希望她给人间带来智慧和才华。

歌德当了国防大臣和公共事务大臣，才真正地掌握了实权。他想要打破沿袭的旧制度，进行新的改革，确确实实地发挥自己的作用。

歌德的得势，使老首相弗里奇有大权旁落的失落之感。他对歌德的飞黄腾达无可奈何，只有暗中嫉恨而已。老首相这时写了一部著作，在书中猛烈攻击了歌德的《铁手骑士葛兹·冯·伯利欣根》，借以发泄他的怨怒和愤恨。歌德看了，一笑了之。他不愿意加深和这位老臣的矛盾，极力采取宽容忍耐、迁就妥协的态度。

1782年，卡尔·奥古斯特公爵为歌德向皇帝约瑟夫二世申请贵族称号，这一年6月3日，歌德接受了皇帝颁发的贵族证书，成为一名功勋贵族。这就意味着，从此歌德有资格在自己的姓氏前面加上一个贵族的标志。

公爵的这一举动把一些世袭贵族激怒了，他们表示激烈反对，并向社会各界散播各种中伤歌德的话："一个法兰克福市民阶层出身的人竟然挤进了贵族的行列，和我们平起平坐，叫我们这些生来就是贵族的人怎么咽得下这口气？"

但是，公爵非常信任歌德，他的赞扬令歌德很满足。这一年，公爵又任命歌德为财政大臣，掌管公爵以及群臣的预算，自此他大权独揽，成为公国内极具政治影响力的人物。

第二年，歌德搬到了公爵赐予的位于弗劳恩普兰大街的寓所，这是他来魏玛的第八个年头。尽管他不愿意离开更靠近森林、河流和星星的伊尔姆河畔，但公爵觉得只有弗劳恩普兰大街的房子才配得上歌德贵族的身份。

在从政期间，歌德认真地研究了魏玛军事、法律、国家情况、居民生活情况和各种政策。接着在枢密会议上提出他的政策方案，他大胆地提出：魏玛国应该与一些小公国结合成君主联盟，来对抗普鲁士和奥地利两大国对它们的欺压。

然而，歌德的这些建议遭到了公爵的反对。软弱的魏玛君主就连普鲁士国王要强行在他的境内征兵，他都不敢反抗，他用什么来赞成歌德的方案呢？

歌德究竟是位诗人，具有诗人的敏感、道德和同情心。他因工作需要，常到各地视察。他在视察哈尔茨山时，目睹了农民的贫困和惨境，深感忧虑。农民都是些老实人，"勤劳和俭朴"。但是他们太穷了，穷得连纽扣都买不起，工作服没有纽扣，而用自制的皮带系着。农民住的是草房，一旦着火，等不到救火的人赶到那里，房子已烧成废墟。歌德主张为他们改建砖房，但是农民没有钱买砖。即使有钱，砖瓦厂也造不出那么多砖瓦来。

另外，农民还缺少耕畜。根据牧场法，佃农和地主有权让农民毁掉价值低的牧场，而不是去改造它。歌德眼见到这种陈规陋习，目睹这种不合理的封建制度，却无能为力。奥古斯特公爵秉承其祖父的打猎爱好，经常出猎野猪，使田地荒芜，歌德常劝诫公爵，多次同公爵发生争执，但没有用。

阿波尔达是魏玛公国唯一的工业区。这里有纺织工场。歌德看过后写道："织袜工从新年弥撒以来，一直静静地待在100把椅子上。工场手工业同业公会帮不了忙。这些人一年到头真可怜，为了糊口呀。"

为了解决国计民生问题，歌德采取了发展生产、厉行节约的措施。他要求削减捐税，减少军费支出。1784年7月6日，他在伊尔梅瑙修订税务法。同年11月30日向公爵提出报告，谈到荷兰联合共和国向魏玛公国借兵之事。

但是，公爵不可能也不愿意支持歌德采取的政治和经济改革措施。尽管如此，歌德仍努力地要管好这个国家，只是他突然有了身心疲惫的感觉。

创作爱情诗歌

在魏玛，当歌德工作不顺心的时候，他就会去夏绿蒂·冯·施泰因夫人的家，那是一位对歌德的一生有极大影响的女性。早在歌德来到魏玛的一周后，他就认识了这位朋友。

施泰因夫人比歌德大 7 岁，父亲是魏玛内廷总监，她 16 岁时成为魏玛公国女摄政安娜·阿玛丽亚的宫廷女官，22 岁时由父母包办嫁给了出身贵族、担任宫廷御马监、长得一表人才的约阿西斯·冯·施泰。结婚后 11 年内生了 7 个孩子，其中 4 个夭折，留下了 3 个儿子。

施泰因夫人喜欢穿白衣素服，披一头黑发，是并非出众的美人，但其多才多艺，能歌善舞，精通音乐，善于鉴赏诗歌，画也画得不错。只是由于体弱多病，长得黄皮寡瘦。加之她同男爵的婚姻又缺乏感情基础，便形成了一个愁怨少妇的模样。这和歌德以前见识过的少女形象大不相同。两人第一次见面，歌德就为她的冷艳所吸引，他觉得这位半老徐娘也另有一番风韵，尤其是施泰因夫人对他的无微不至的关怀，更显出女性的温柔贤惠。

1776 年 1 月 8 日，歌德给她写了第一封感谢信，谢谢她送来了香肠。20 天后，他在信里已称呼她“亲爱的天使”。以后他甚至称呼她“我的姐姐”、“我的母亲”和“圣母”了，施泰因夫人成了歌德在魏玛的最知心的朋友。

歌德的好友知道歌德正与一个有夫之妇交往，便时时提醒他，警告他不要沉迷下去，但歌德深陷其中不能自拔。从他们认识的第一天起，他们两人几乎天天见面，并经常在一起用餐，歌德还几乎天天给她写信。

施泰因夫人与歌德的这种依恋感情不同于歌德先前认识的那些女性朋友，因为无论是热烈的小安妮特、深情款款的弗里德莉克，还是理智的绿蒂，她们都让歌德感到心中内在的压力，而这位比他年长的已婚女性却对他没有任何要求。他们在一起朗读歌德喜爱的荷马诗篇和斯宾诺莎的作品，她为他誊写草稿，彼此融洽无间。

歌德给好友写信解释说："这位夫人对我的重要性，对我具有的力量，我无法另作解释，只能说是由于轮回。是的，或许我们前世是夫妻，现在我们互相了解了，却蒙在幻雾里。"

歌德的内心非常矛盾，他深爱着施泰因夫人，但她又是比他年长的有夫之妇，为此，他们之间的爱情不像歌德以前同女友之间的爱情那么纯洁、热烈，他必须理智和冷静地对待。

这位天才的诗人由于感情的激发，为施泰因夫人写了大量的情诗，这些诗歌相当于歌德为以前的女友写的情诗之总和，著名的《你为何赋予我们慧眼》就是其中的一首：

你为何赋予我们慧眼，让我们
充满预感地看到我们的未来，
让我们在幻想之中认为永不会
获得幸福的生趣和幸福的爱？
命运啊，你为何给我们这种感觉，
让我们互相看出对方的心事，
让我们从一切奇妙的纷繁现象中，
看出我们之间的真正的关系？
唉，有多少人糊里糊涂地行事，
他们并不了解自己的内心，
没有目标，荡来荡去，无望地

在估计不到的痛苦中疲于奔命。
可是当那意外的曙光突然间
带来喜悦，他们又发出欢呼，
只有我们，相互之间的幸福，
却不让我们这一对可怜的情侣，
只管相爱而不互相了解，
别看到对方过去所无的情况，
而只要老是追求梦幻的幸福，
即使在噩梦之中也兀自彷徨。
沉湎于空虚之梦的人很幸福！
怀着空洞的预感的人是福人！
而我们的现状和眼力，真不幸，
却更使我们的梦和预感有确证。
说吧，它怎么把我们紧缚在一起？
唉，在前世里，你大概是
我的姐妹或者是我的妻子。
你了解我的性格的每一个特征，
你听出我心弦的最纯的声音，
任何凡人的肉眼都难以看透我，
而你，却一眼就能够看得分明。
你给我的热血滴注清凉剂，
你指引我脱离狂乱的迷途，
躺在你那天使一般的怀中，
我的破碎了的心会获得康复。
你像使魔术一样把他拴住，
让他糊涂地度过好些日子。
有什么幸福可比那欢乐的良辰，

那时，他躺在你脚边，满怀谢意，
感到他的心紧靠你的心而振奋，
感到他自己在你的眼前很愉快，
他的一切感官都豁然开朗，
他的沸腾的热血平静下来。
但尽管如此，在我毫无把握的
心灵的四周，虽还有回忆漂动，
真实的往事永远铭感于心，
新的情况却产生无限苦痛。
我们现在就像是半死不活，
最亮的昼光也显得昏暗模糊。
但愿折磨我们的命运，不会
使我们改变，这才是我们的幸福！

在爱情的培育下，歌德这一阶段所写的抒情诗，艺术上更加纯熟，特别是他在1776年至1778年间所作的《对月》更是一首极为优美的月光诗。它从孤寂而联想到友谊，把对女友的爱与对大自然的爱融为一体。感情充沛，词句简洁，为人们所喜爱，被誉为德国抒情诗中最优秀的杰作。后来，“歌曲之王”舒伯特等为之谱曲，传遍世界。《对月》的诗文部分内容如下：

你使幽谷密林注满了雾光，
你使我的心灵再一次解放；
你用慰藉的目光照亮我的园邸，
就像挚友的眼光怜我的遭际。
哀乐年华的余响在心头萦绕；
我在忧喜中彷徨，

深感到寂寥。
流吧，可爱的小溪！
我永无欢欣，
嬉戏、亲吻都消逝，
更何况真情。
但我曾一度占有可贵的至宝！
永不能置之脑后，
这真是烦恼！
喧响吧，莫要停留，
沿山谷流去，
流吧，和着我的歌，
鸣奏出旋律，
不论是你在冬夜，
汹涌地高涨，
或是你绕着幼蕾，
掩映着春光。
福啊，谁能无憎地躲避开尘网，
怀里拥一位知己，
共同去欣赏。
那种不为人所知，
所重的风流，
在胸中的迷宫里做长夜之游。

歌德对施泰因夫人的爱不仅表现在为她撰写诗歌上，他还以她为原型创作了戏剧《伊菲格尼在陶洛斯》。

伊菲格尼是古希腊神话中特洛伊之战希腊联军统帅阿伽门农的女儿。歌德觉得施泰因夫人身上那种忧郁的沉思，那忍受痛苦的精神，那舍己助人的善良品格跟这个人物很像。

歌德笔下的《伊菲格尼在陶洛斯》写的是阿伽门农统率希腊联军攻打特洛伊，在海上遇到大风，为求神保护全军安全，许愿将女儿带到奥利斯向狩猎女神狄安娜献祭。伊菲格尼被狄安娜女神掠至陶里斯岛做女神的女祭司。阿伽门农凯旋回家后遇害，他的儿子奥瑞斯特为了替父报仇，被复仇女神到处追逐。

根据神喻，他只有到陶里斯岛取得狩猎女神狄安娜的神像才能获救。这个岛国不准岛外的人进入，偷入者将被作为牺牲献给女神。奥瑞斯特踏上海岛即被擒，被送往女神庙后，姐弟相逢。伊菲格尼作为女祭司，必须主持这种以人为牺牲的仪式。她以高贵仁慈的言行感动国王，使国王废除了这种残忍陋习。

国王向伊菲格尼求婚，希望她成为自己的王后，但被伊菲格尼拒绝。国王又要拿她的弟弟当作牺牲，伊菲格尼又一次以自己的善良和真诚感动了国王。最后，国王放伊菲格尼兄妹返归故乡。

歌德的《伊菲格尼在陶洛斯》是继莱辛作品《智者纳里》之后表现了彻底的人道主义理想的力作，他想借伊菲格尼在祭坛上救出即将被杀死用来祭神的亲弟弟的故事，揭示出人类的天然关系和高尚的感情，唤醒观众的天良和人性。这本剧目与“狂飙突进”运动鼓吹的叛逆精神大相径庭，是歌德从“狂飙突进”运动时期的天才主义走向人道主义的一个标志。

此时，歌德的国务活动很忙，他往往不能安下心来写作。他在创作《伊菲格尼在陶洛斯》时，为了排除各种干扰，在他创作的 6 个星期内，特意请来音乐师给他演奏。

歌德说：“那些美好的声音终于逐渐地把我的灵魂从记录与文件的枷锁中解放出来。隔壁的那个绿色的房间里，正在演奏着四重奏，我倾听着，悄悄地招引来一些遥远的形象。”

《伊菲格尼在陶洛斯》里的人物形象就是这样栩栩如生地产生在

歌德的笔下的。

歌德将这部作品完成之后，首先将它拿给奥古斯特公爵阅读，公爵看完后高兴地说："啊！这是多么动人的剧本呀！我们应该立即将它上演。"

歌德很高兴地张罗起来。一次，歌德出差去莱比锡，见到了他大学时代就熟悉的女歌手和演员科罗娜·施罗特。

当时的科罗娜已是一名著名的歌剧演员，她长得苗条、端庄、朴素迷人。皮肤光滑白嫩，栗色卷曲的长发披肩，爱穿白色短袖衬衣，深具浪漫情调。科罗娜多才多艺，不仅擅长表演，而且长于绘画和作曲，她还通晓多国语言，歌德对她非常爱惜。

1779 年秋天，歌德将科罗娜邀请到魏玛，聘请她为宫廷歌手。之后，他们一起在魏玛剧院演出了歌德的剧目《伊菲格尼在陶洛斯》。

演出时，歌德穿着古希腊式的白色短长衫，像古希腊神话中的阿波罗，雄健优美。科罗娜出演歌德的姐姐伊菲格尼，她穿着女祭司穿的长袍，庄重素雅，很像古希腊的女神。歌德和科罗娜两人的精彩表演，博得观众热烈的掌声和喝彩。

随后，歌德又将自己以前所作的剧目《共谋罪犯》、《哥哥和妹妹》等一一搬上了魏玛剧院的舞台。

由于公爵在某些政治方略上不能和歌德达成共同意见，歌德便把魏玛剧院看成是他施展艺术才能的地方。为了使魏玛剧院成为一流的剧院，他对剧院的建设、演员的培养、演出的效果都极为关心。但因为演戏的缘故，歌德很多时间都与科罗娜相聚在一起，这样就冷淡了他的另一位女朋友施泰因夫人。

歌德徘徊在这两个女人之间，他经常对施泰因夫人赞美科罗娜的种种好："科罗娜真是一个天使。"他的这些话令施泰因夫人很反感，任何一个女人都会为另一个比自己优秀的女人吃醋，为此，歌德和施泰因夫人的友谊出现了一段时期的裂痕。

后来，施泰因夫人根据和歌德的这一段经历创作了一部悲剧《狄多》，借古讽今，嘲骂歌德。狄多是迦太基女王，埃涅阿斯在特洛伊灭亡后，投奔到她处，她盛情接待并跟他结婚，但后来埃涅阿斯却抛弃了她，前往意大利，迫使狄多自杀。

知道歌德和施泰因夫人的人一眼就能看出，这部悲剧的讽刺对象是歌德。其实，歌德并不是一个如剧本中埃涅阿斯那样的负心郎，他对施泰因夫人的尊重始终藏在心中。

在歌德和施泰因夫人交往的这段日子里，歌德和这位女性朋友之间，终究没有做出出格的事情，这里面，一方面源于施泰因夫人极富教养，懂得节制自己的感情；另一方面，歌德和这位夫人的丈夫同是宫廷官员，歌德也懂得尊敬自己的同事。在这一件事情上，有歌德的一位好友的证词为凭：

> 她确实是一位富有特性的有趣的人物，我很了解歌德为什么那样依恋着她。她谈不上漂亮，不过她的脸上有一种温柔端庄的表情，流露出相当独特的坦率。她的性格中具有健康的理智、真实和感情。
>
> 她从歌德那里收到1000多封信，特别是在歌德出差的时候，他每星期都给她写信。大家说他们的关系是完全纯洁的，无可指责的。

探索科学奥秘

歌德在魏玛从政 11 年期间，把主要精力放在管理国家大事上，但也进行了一些文学创作和科学研究。他研究过地质学、矿物学、植物学。

1777 年，歌德被公爵任命为伊尔美瑙矿总监一职，他每次到矿区视察，总是随身带着锤子，采集岩石标本。

有一次，歌德又得到一个到矿区视察的机会，他高高兴兴地带着人出发了。

当他们来到了一个山脚下，歌德发现一个危险的斜坡上有一块美丽的石头，那是一种表面蓝黑色的原始花岗岩，想要采集到它是一件非常不容易的事。

歌德太想得到这块岩石了，他叫来同行的一个小伙子和自己向山上爬去。可是，他们刚爬到一半，由于山势险峻，那位小伙子就打退堂鼓了。歌德说："就算是摔断了腿，我们也要将这块石头采到，这真是一块难得的宝贝，要知道，我们两人是在做一件很伟大的事情呢！"

最后，歌德踩到小伙子的肩膀上，终于摸

到了那块石头，用锤子敲击下了那块岩石。

在歌德身下的小伙子吓得真是够呛，直至歌德从他的肩膀下来后，他才敢擦了一头冷汗，问歌德："先生，我实在不明白，您什么都有了，为什么要这么拼命地去采集一块石头呢?"

歌德摸着手中的花岗岩说："我就是为科学和艺术而生的，这块石头虽小，但它却具有很大的研究价值啊!"

在魏玛生活的日子里，歌德在科学上不仅有对岩石的研究，还在人的形成方面有所发现，而这个发现与他喜欢的绘画有关。

歌德从幼小就喜欢画画，在莱比锡又跟美术教授奥塞尔学过绘画知识和技巧，他画出来的画，虽然不像他写的诗那样精彩，但也看得过去。到了魏玛，每当他感到疲劳或心烦意乱时，就以绘画为兴奋剂或镇定剂。有时他整天地画画，主要画大自然的风景。

他提倡人们去学绘画，因此，他特别关心魏玛美术学校。当他得知美术学校的一些老师和学生不懂解剖学时，就想给他们开这门课程。歌德在莱比锡学习过解剖学。为了开好这门课，他又跑到耶拿大学复习解剖学，像学生一样坐到教室去听课。

一次，歌德去实验室的时候，正赶上一场关于人的尸体的解剖，他参加了整个的解剖工作。

这时，歌德忽然想起一个科学命题，就是一些学者认为人与动物头骨的区别，就在于人没有颚间骨；另一些学者反对这种看法，认为人也应该有颚间骨，只是还没被发现。

这之后，歌德又在实验室里找到了猿猴的颚间骨，他还意外地发现了人的骨头和猿猴的骨头有很多相似的地方。

带着这些疑问，歌德的脑中立即产生了一个奇怪的想法，那就是人的模样最初应该是和动物差不多的，只是随着时间的推移才进化成现在的样子的。

歌德把自己的想法告诉给了一个医学朋友，这位朋友被歌德的想

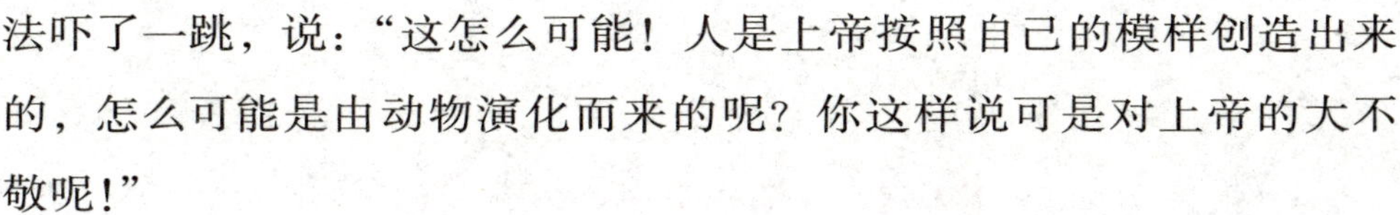

法吓了一跳，说：“这怎么可能！人是上帝按照自己的模样创造出来的，怎么可能是由动物演化而来的呢？你这样说可是对上帝的大不敬呢！”

不能得到朋友的赞同，歌德只好给魏玛的赫尔德尔写信，他的信中说：“赫尔德尔先生，您一定没有想到，我在耶拿大学的实验室里发现了一样东西，它不是金子，也不是银子，而是人的颚间骨啊！我激动地把人的和兽的头盖骨作了比较，看到了它们之间的关系，因而发现，这就是问题之所在！我请求你现在千万别声张，因为事情必须保密，这必然使你也十分高兴，因为这颚间骨恰似使人最终变成人的最后那块石头一样，没错，准是它！多有意思。”

后来，歌德又亲自写了一篇《上颚之颚间骨人兽相同说》的论文来说明自己的发现。

但歌德的论文遭到了解剖专家们的反驳，他们对歌德的发现不屑一顾，他们说：“这个荒唐的想法只是诗人的妄自猜想，人怎么可能有颚间骨，又怎么可能和动物的骨头相似呢？我们人类天生就是这个样子，怎么可能是从动物进化而来的呢？我们是专门解剖研究人体结构的，都没有发现这些问题，歌德只是一个外行，怎么可以胡扯一通呢！”

所有的人都反对歌德的观点，歌德却觉得自己一生中最幸福的时刻就是做出了科学发现的那一刹那。

直至一个世纪以后，达尔文的发现证明了歌德的观点，后来的科学家们都非常佩服当年歌德的惊人才能。

收获旅游的乐趣

转眼间，歌德在魏玛已经生活了10多年了，他最初想要把卡尔·奥古斯特公爵塑造成为大君主的理想在公爵对其每次政治决定的否决中破灭了，歌德觉得魏玛的天空越来越显得狭窄，他感到越来越大的压迫，并急切地想要呼吸新的空气，舒展自己有点发僵的躯体。

经过一番深思熟虑之后，歌德向奥古斯特公爵请了一个没有期限的长假，他要自由、安静地生活一段时间。他想利用这段时间，到他向往已久的意大利去旅行，用新鲜的空气来恢复他的身心健康，用新的环境、新的印象来启迪自己的心灵。他还准备在异国他乡的罗马住上几年，安安静静地将自己的著作编成集子出版。他甚至还打算在罗马度过后半生。

公爵立即恩准了歌德的要求，并答应为歌德提供旅游经费，这让歌德非常感动。

其实，在歌德从政的这些年里，因工作关系，他到过公国各地旅行，了解了社会民情。为了增加各方面的知识，他在旅行期间和后来还写出一些抒情诗和游记。

如1777年11月，歌德陪同公爵到哈尔茨山狩猎，在登上布罗肯峰观赏风景后，歌德写出了抒情诗《冬日游哈尔茨山》；1779年10月，歌德又陪同公爵去瑞士考察，于第二年写成了《瑞士游记》；1780年9月6日，歌德在图林根林区基克尔汉山顶小木屋墙壁上题写了《漫游者的夜歌》等，这些作品后来都成为了著名的作品。

其中，《漫游者的夜歌》传颂最广，诗文的内容可与中国的著名诗人李白的《静夜思》相比，是脍炙人口的千古绝唱。这首诗仅8行

24 个字，它们是：

群峰，
一片沉寂。
树梢，
微风敛迹。
林中，
栖鸟缄默。
稍待，
你也安息。

歌德的这首夜歌寥寥数语，却从天上写到地下，从非生物写到生物和人，由远及近，真是韵味无穷，而且超越时空，雅俗共赏。不同心境的人读它，会有不同的体会。这首诗发表后，被作曲家谱成了200 首以上的乐曲广为流传。

正是因为歌德的每次远游都能给他带去不同的灵感，帮助他写出优美的诗歌和文字，所以他也渴望着能够再次远游。

1786 年 9 月 3 日，歌德没有带一个侍从和仆人，只身一人，穿着普通人穿的衣服，提起行囊，独自一人钻进一辆邮车离开了魏玛。

为了行动自由，歌德没有告诉任何人自己将要去哪里，唯一知道他行踪的是他的仆人兼秘书菲利普·弗里德里希·赛德尔。

由于怕人发现他的行踪，歌德故意搞得很神秘，在护照上改名换姓为德国画家扬·菲利普·米勒。

歌德星夜兼程，两天后赶到雷根斯堡，之后越过慕尼黑，很快来到了风景秀丽的阿尔卑斯山。雪山、森林、山溪、草地、多变的奇峰怪石，美丽的大自然使歌德像孩子那样狂喜。他大声地喊着：“大自然是我的故乡！我又回到生我养我的地方！”

“啊！大自然，你给了我第二次青春！”

歌德在这里还捡到一块嵌着碧石的石英石，它闪闪发光像宝石一样。歌德一边研究它的构成和特质，一边玩赏着它。他把它带到意大利，后来又带回魏玛，像一件珍品那样收藏着它。

翻过了阿尔卑斯山，穿过了奥地利的布伦纳山口，歌德来到意大利北部的一个小城镇博岑。

在这里，歌德紧张的心情放松下来，意大利的阳光驱散了压在歌德心头的魏玛宫廷的阴影，他在日记中记述道：“我确实找到了一种四海为家的感觉，不像寄人篱下，也不像流亡他乡。我很喜欢这个地方，仿佛我在这里出生和受教育，现在好像是从格陵兰探险、捕鲸归来。”

他在博岑镇逗留了几天，并换上意大利市民穿的衣服，整天地逛市场，和市民聊天，跟孩子们一道玩耍，像一个游手好闲的流浪汉。

歌德没有带仆从，穿衣吃饭，住店乘车，花钱记账，什么都得自己干。刚开始他觉得自己笨手笨脚，慢慢地就熟练起来了，人也变得活跃了。他深有感触地说：“如果一个人总是倚仗着别人服侍过活，就会提前变得衰老！”

歌德来意大利的目的主要不是游山逛景，而是学习古典艺术。9月17日他在维罗纳城参观了几座画廊，大饱眼福，他说：“我做这次神奇的旅行，不是为了欺骗自己，而是为了熟悉绘画。说实在的，我对艺术，对画家的技艺不大在行。我的注意力，我的观察一般只限于实践部分，针对观赏对象和画法。我的天性是崇拜伟大和美。”

在帕多瓦的隐士教堂，歌德欣赏了15世纪帕多瓦画派大师芒特尼亚的油画以及集威尼斯画派大成的提香的作品，他给朋友写信时说：“芒特尼亚是一位老画家，我对他的油画感到惊羡。这些画里有着多么强烈的、肯定的现实感！我从这些画注意到，画家的出发点是真实的，不是虚假、欺骗，不是只靠想象力虚构的生活，而是健壮的、纯粹的、光明的生活，这既详细、认真、柔和、有限，又严格、勤劳而艰辛。

“画家们在其先辈精神光辉的照耀下，在自己实力的基础上，他们天才的生气、天性的坚毅，便一直升腾向上，越来越高，从而产生天仙般美丽而真实的形体。艺术家就这样在野蛮的时代之后发展起来。”

9月28日，歌德到达了世界闻名的水上城市威尼斯。他兴奋异常地在日记里写道：“我第一次望见威尼斯，不一会儿就要进入这个奇妙的岛域，这个海域之国。谢天谢地，对我来说，威尼斯终于不再是一个名词，不再是一个空洞的名字。这个名字曾多次使我恐惧不安，我简直成了这个词音的死敌。第一艘我坐的大船，这时我想起以前的一件儿童玩具，也许20年来我一直未想到它了。我父亲有一艘以前带回来的漂亮的平底船模型。船首似鸟嘴，用白铁皮做成。船身呈黑色，平底，形似鸟笼。这一切都像老熟人在欢迎我。”

威尼斯由100个岛组成，为几百个岛环绕，歌德在威尼斯盘桓了两个星期，乘坐有名的“贡多拉”号游览水上风光，参观教堂，观看戏剧，参加天主教大弥撒，甚至去旁听案件的公开审理。虽然浮光掠影，但却充分地适应并享受了威尼斯的生活，一个十分清晰的真实的威尼斯概貌深深地印在歌德的脑海里。

歌德离开威尼斯，然后去费拉拉和佛罗伦萨，但是他无心瞻仰伟大诗人但丁的家乡和文艺复兴的圣地，他在佛罗伦萨仅停留3个小时，就直接向罗马奔去。

在前往罗马的路上，歌德的马车里有一个同车的图书出版商。这位商人认出歌德后，就很有礼貌地问歌德：“您好，先生，请问您是《少年维特之烦恼》的作者吗？”

歌德看了商人一眼，发现对方不是熟人，就忙摇头说：“不，先生，您认错人了。”

那商人又上下打量了歌德，不死心地又问："那您一定是歌德的朋友吧？"

"不，不，我跟他一点关系也没有。"歌德把脸扭向车窗外，不再理那商人。他决心在这次旅行中隐姓埋名到底。他还想好，到了罗马，尽管他的身份和名气可以受到上流社会很好的招待，但他决不肯这样做。

1786年10月29日，歌德终于在万灵节前到达了他朝思暮想、久盼未见的罗马城，他内心的喜悦不言自明。以前，他总是通过读书、观画、看地图，两度从瑞士的圣·戈特哈特山远眺来了解意大利，现在他终于见到真实的意大利了，可以一睹罗马城的全貌了。他感到这是他平生最快乐的事了，他在日记中写道："啊，我终于到达了这个世界的大都市。现在我到了这里，总算一块石头落了地，似乎可以慰我平生了。因为这大概可以说关系到我新的生命。"

罗马有16.5万人口，是一个世界大都城。歌德一到罗马，立刻就去瞻仰梵蒂冈的圣彼得大教堂。这是世界上最大的天主教堂。歌德在日记里说："这建筑使我懂得了什么是严肃和伟大。"

这一建筑所体现的繁多的统一和比例的和谐，使歌德联想到音乐。他想："有人说建筑是凝固的音乐，真是这样的。"当他漫步在宏伟的广场时，排列整齐的石柱，参差有序的石阶，各式各样的喷泉，有机地组成一个整体，有强烈的节奏感和韵律感，他仿佛听到一首旋律优美的交响乐。他说："建筑所引起的情趣接近音乐效果。"

在罗马，歌德第一次参加了万灵节，见到了教皇。但是他作为新教徒，不喜欢这种天主教的弥撒献祭仪式。

他同画家梯施拜因住在一幢房子里。他向这位老朋友学习绘画。他生活在一群德国青年画家中间，过着俭朴的生活。

1787年2月，那不勒斯附近的维苏威火山爆发了。歌德邀请梯施拜因冒险陪同前往观光。

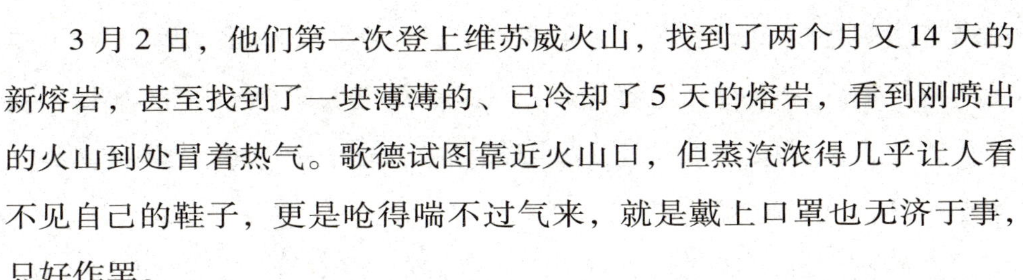

3月2日，他们第一次登上维苏威火山，找到了两个月又14天的新熔岩，甚至找到了一块薄薄的、已冷却了5天的熔岩，看到刚喷出的火山到处冒着热气。歌德试图靠近火山口，但蒸汽浓得几乎让人看不见自己的鞋子，更是呛得喘不过气来，就是戴上口罩也无济于事，只好作罢。

4天后，他在梯施拜因陪同下再次登山，目睹火山爆发的壮丽情形。火山从其深处发出巨雷般轰响，然后成千上万块大大小小的石头被抛到空中，被火山云包裹住，绝大部分石头又落回火山口，也有些石头落到歌德一行的周围。

冒着生命危险，在火山两次爆发的间隙，歌德成功地到达了火山口，站到了万丈深渊的边缘，他受到了梯施拜因亲切的责备。半个月后，歌德第三次去攀登火山，观察火山熔岩的流动，并从熔岩出口找到了真正的熔岩样品，取得火山熔岩的第一手资料，这使他探险猎奇的心理得到最大程度的满足。

那不勒斯是一座美丽的海港城市。人们向来有句俗话："见到那不勒斯，死也心安。"歌德见到这座"天堂城市"，视为平生一大快事。

在那不勒斯，歌德与平民出身的作家兼美学家的天才菲利浦·哈克特和画家克里斯多夫·海因里希·克尼普，以及瑞士人海因里希·迈耶尔等共同去参观了从地下发掘出来的庞培古城，增加了不少知识和见闻。

接着，歌德和克尼普渡海去了西西里岛。他在意大利最南端的岛上待了一个多月，游览名胜古迹，其中包括罗马最高天神朱庇特和妻子朱诺的庙宇。整个西西里岛是一个天然的植物园，他在这里又花了不少精力去寻找他认为存在的"原始植物"。

歌德已出国9个月了。他不能在美丽的西西里久留，更无暇去撒丁岛和希腊。他没有忘记这次意大利之行的主要目的是学习。他认为自己有绘画才能，想来罗马学习古典艺术，发展自己的绘画才能。早在斯特拉斯堡求学时，他就说过："我还没有具备所需要的知识，我还缺乏很多。巴黎应该是我去学习的地方，罗马是我的大学。"因此，他在6月初便折返罗马了。

歌德在罗马生活于一群青年画家中间，学习了一段时间的绘画、写生和临摹。然而年近40岁的他已不可能成为职业画家，而只能成为一个业余画家或一个绘画欣赏家了。画家哈克特对歌德建议："要想学会绘画你就在意大利待上1年半吧。"

但是无论是绘画也好，还是自然科学研究也好，究竟都不是歌德的本行，也不是他的拿手好戏。歌德这时才认识到，他天生是一个诗人，只适合于诗的艺术，而不适合于造型艺术。

在接下来的日子里，歌德回到了梯施拜因的小房子里，开始潜心写作。他首先将剧本《伊菲格尼在陶洛斯》从散文改写成用五步抑扬格诗体韵文，再继续完成悲剧《哀格蒙特》，其次是继续写《塔索》《威廉·迈斯特》和《浮士德》第一部等。

《哀格蒙特》是继《铁手骑士葛兹·冯·伯里欣根》之后的又一部历史剧。两个剧可说是姊妹篇，都歌颂了16世纪反抗暴政、追求自由的英雄人物。本剧反映了尼德兰人民反抗西班牙暴政的革命斗争历史。

歌德写历史剧，向来不拘泥于史实细节。为了增加戏剧性，他把历史事件发生的时间、人物的性格都做了改动。历史上的哀格蒙特出身贵族，虽然勇敢、正直，但是绝非人民起义领袖。他是11个子女的父亲，被处死时已经是46岁的中年人，而在歌德笔下他还是未婚的年轻骑士，他的情人克莱尔辛是作者虚构的人物。在哀格蒙特锒铛入狱以后，她到大街上大声疾呼，号召人民起义。在最后一场，她以自由女神的姿态出现在哀格蒙特的梦中，这使人想到莎士比亚的《亨利八世》中的梦幻场。这也说明莎士比亚对歌德创作的强烈影响。

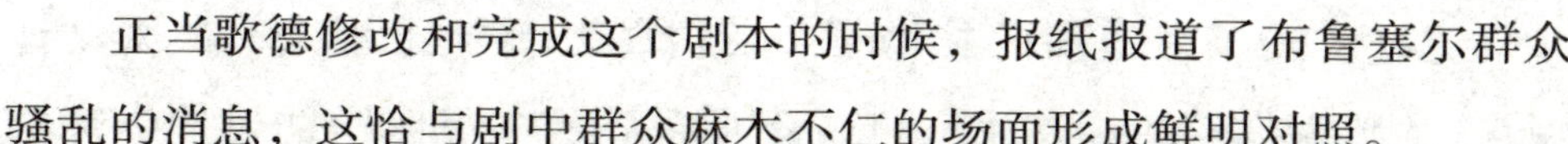

正当歌德修改和完成这个剧本的时候，报纸报道了布鲁塞尔群众骚乱的消息，这恰与剧中群众麻木不仁的场面形成鲜明对照。

《哀格蒙特》剧本歌德早在1775年在家乡就写了好几场，去魏玛之后，既无时间，也无心思写作，以致时写时停，一直拖了12年，到1787年6月至8月在罗马才定稿。完稿以后，歌德激动地给朋友写信说："今天我可以说，《哀格蒙特》已经完成了。我经过苏黎世寄走它，因为我希望凯泽能给过场戏和此外必须有音乐的地方谱曲。"他甚至把完成它的这一天称作自己的"节日"。

《哀格蒙特》仍是"狂飙突进"时期的作品，不过已是余音罢了。

歌德的《塔索》一剧也是他在魏玛就动手写过两幕的。但是到了意大利，他看到了新资料，又参观了囚禁塔索的牢房，加上他在魏玛亲身的体验，感到过去写的两幕丝毫无用，简直想付之一炬。尽管他在去西西里的海船上限定自己每天写多少字，可他还是没能在意大利完成它。

1787年2月21日，歌德在日记中写道："写好的《塔索》必须完全毁掉。这份稿子搁得太久了。无论人物，还是计划，还是基调，都同我现在的看法毫无相似之处。"

1788年2月1日，他在罗马发的一封信里说："《塔索》必须改写。已写成的没有用了。我不能这样收场，也不能全部废弃。"

至于《威廉·迈斯特》的旧稿子，歌德在意大利却没有写一个字，而《浮士德》第一部的"魔女之厨"、"林窟"等场却写了一部分。

在罗马，尽管善良的梯施拜因没有告诉旁人歌德的真实身份，但在罗马的德国老乡还是很快就猜出了化名为扬·菲利普·米勒的就是歌德先生。在一次歌德的老乡聚会中，大家为他举行了戴月桂冠的仪式。

这可是文人中最高的礼遇了，歌德感动地流下泪来，他激动地说：“太感谢你们的厚待了，可我现在是画家米勒呀，能够成为你们的朋友，我已经很满足了。”

身为魏玛重臣的歌德，虽远在罗马，但和魏玛的关系一直藕断丝连，他常给公爵写信和报告，表示归国后，要更好地为公国服务，公爵也一步步地延长了他的假期，并不时地寄钱给他。

罗马虽好，毕竟是异国他乡。歌德心里清楚，他不可能永久地待下去而有所成就。

1788年4月23日，歌德怀着恋恋不舍的心情离开罗马，取道回国。临行前几天，他再次漫游罗马城，依依惜别。他将梵蒂冈的名画和雕塑观赏了又观赏，甚至量了尺寸，请人做了石膏复制品。

这次旅游，歌德几乎走遍了整个意大利，确实收获不小。在旅游中他写了《意大利游记》，书中的结尾，歌德以深情幽婉的笔触记录了离别罗马时的情绪：

在这样的时刻，我怎能不想起奥维德的悲歌呢？他也曾被放逐，据说是在一个月夜离开罗马的。“我回忆着黑夜！”他远在黑海边的后方，处于悲怆不幸的状态，他的回忆我永远没有忘记。我反复吟诵这首诗，部分诗句能详细地在我记忆中出现：

从那夜我心里感到悲伤，这是我在罗马最后晚上。
留下了那么多贵重物品，一说起那一夜泪珠盈眶。
人无声狗不吠夜静悄悄，月当空引诱我驾车奔逃。
望卢娜去广场看着寺庙，家神哟离庙近也是徒劳。

中年的成就

一个人最有意义的时期就是他的发展时期。

——歌德

走进婚姻殿堂

1788 年 6 月 18 日，在意大利周游了一年半后，踌躇满志的歌德回到了魏玛，回到奥古斯特公爵所赐的弗劳恩普兰大街寓所。在罗马时歌德就先写信给公爵，建议君主重新安排他在宫廷的职务。

歌德在信中说："公爵殿下，我多么感谢您给了我这宝贵的机会让我去旅行。在这一年半的孤独生活中，我重新发现了我自己。我是什么呢？是个艺术家！除此我还能是什么呢？希望殿下能够重新考虑我的工作安排，让我在您的身边尽力吧！我已看到这次旅行给了我什么好处，它是怎么使我身心澄澈。您到目前为止一直对我十分宽容，所以，我恳求您让我仍留在你的身边工作吧，只不过，请允许我做我愿意做的事，把其他的工作交给别人去做吧！"

公爵答应了歌德的请求，解除了他的一切职务，只保留枢密顾问的头衔和伊尔美瑙矿山总监职务，并改任他为公国艺术科学事务总监，分管文化艺术工作。

歌德终于脱下了政治家的外衣，从此一心一意地从事文学艺术和自然科学的研究，这令他的朋友们非常不理解，内侍总管克内贝尔问歌德："你的这些职务是多少人都梦寐以求的呀，你为什么说放弃就放弃了？"

歌德回答："对我来说，能够把所有的精力都放在做自己喜欢做的事情上面，那才是我梦寐以求的！"

在意大利，歌德接触了许多新的思想，他想通过自己艺术科学事务总监的身份将这些新思想带给魏玛公国的子民。但他的做法，当地的人们总是不能理解，他们在背后议论说："这个人怎么有这么古怪

的新思想呀？他是不是在意大利撞邪了。”

别人不理解他，他就得争取让人理解他。8 月的一个晚上，公爵夫人在小客厅里举行茶会。歌德兴致勃勃地在朋友们面前大讲他在意大利旅行的见闻，并且让朋友们看他画的画册和带回的古董、纪念品，然而，令歌德失望的是他的这些朋友们反应冷淡，对他所讲的事情一点也不感兴趣。但也并非没有人动心，公爵的母亲阿玛丽亚听了歌德的介绍，就表示愿意去意大利看看。

这一时期，公爵因骑马摔伤了腿，心情一直不好。他的腿伤好了以后，又忙于普鲁士的军务，很少在国内。当他回家听说母亲想去南方领略一下那里的风光时，正好也想去散散心，就陪同女公爵和夫人去意大利了。

朋友们的远去让歌德陷入了孤独，他在意大利虽然过了一年半的孤独生活，但在那里究竟有许多画家朋友做伴，何况罗马七山的风光和名胜古迹令人流连忘返。从那个世界大都市回到这个弹丸小城，他感到很不习惯。他在日记里埋怨道：“我从那个万象纷呈的意大利回到无定形的德国，晴朗的天空变成一片阴霾。朋友们来安慰我，不是把我拉到他们一边，而是使我绝望。我对远方的、几乎是不熟悉的事物的喜悦，我的痛苦，我对失去的东西的悲叹，仿佛侮辱了他们。这里没有人了解我，也没有人懂得我的语言。”

就在歌德失去朋友、退出政治旋涡，与施泰因夫人又产生分歧的时候，一个叫克里斯蒂安娜·乌尔皮乌斯的姑娘不经意地闯进了他的生活。

那天是 1788 年 7 月 12 日，歌德正在伊尔姆河畔魏玛公园里散步，迎面走来一个姑娘。她向歌德行屈膝礼，向他呈递一份请求书。

原来她是为哥哥来的，目的是请歌德为她哥哥奥古斯行找一份工作。奥古斯行毕业于耶拿大学，现在是纽伦堡一位男爵的秘书，报酬很少，还即将被解聘。他是一个通俗作家，写了很多东西，但挣钱不多。他们的父亲原是文书科长，生活放荡、嗜酒成性，最终弄得家破人亡，已于两年前去世。她的母亲也早已亡故，他和妹妹只好寄居在叔父家中。哥哥无人帮助，只好托妹妹求人相助。

歌德打量了她一下。这个少女约摸23岁，个子不高，也不漂亮。她的皮肤呈浅褐色，低额，薄唇；两颊丰满，圆圆的下巴，披着一头鬈发，未有认真梳理，衣着也很简朴。

歌德问这位姑娘靠什么生活。她说，她在伯图赫绢花厂工作。原来，歌德去过该厂一次，该厂大约有20来个女工。在歌德去意大利之前，克里斯蒂安娜的哥哥就曾亲自找过歌德寻求帮助，歌德回到魏玛后，她便带着哥哥的嘱托再次前来。

姑娘的天真朴素刹那间攫住了歌德的心。在歌德眼中，克里斯蒂安娜犹如一朵含苞待放的鲜花，充满了健康的朝气，有如鲁本斯油画中的女性。歌德看完信，连忙答应帮忙。同时，他也没有掩饰自己对姑娘的好感，殷勤地指着远处邀请说：“那是我的花园别墅，有空请来玩，地方虽简陋，倒还凉快。”

这时的歌德已年近40，几乎可以做克里斯蒂安娜的父亲。他来魏玛13年了，一直没有结婚，在意大利流浪的日子里，他一直想有个温馨的家。这时他找妻子的标准不是美貌，不是财富，不是有很高的文化水平，像一个女作家那样能诗能文。他已经功成名就，他不需要有个才女帮助他搞创作。他需要的正是克里斯蒂安娜这样生性活泼、粗识文墨、善于理家的家庭主妇。

年轻的制花女工做梦也没有想到，自己会得到一位宫廷大臣、名闻天下的大作家的垂青。不久，她的哥哥的请求得到满足，成了歌德研究植物的助手。克里斯蒂安娜本人则成了歌德花园别墅的常客，并很快就和歌德同居了。这一天，歌德在自己的日记本里写道：“我结婚了，只不过没有履行仪式而已。”

虽然歌德在日记里这样写了，但为了他的身份着想，他与克里斯

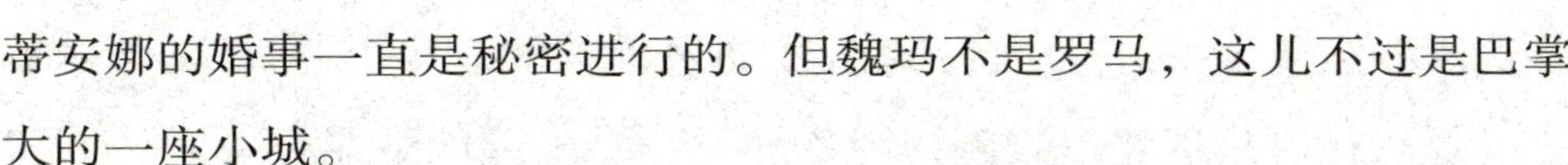

蒂安娜的婚事一直是秘密进行的。但魏玛不是罗马，这儿不过是巴掌大的一座小城。

不久，这个地位显赫的公国大臣、世界闻名的诗人、贵族与一个地位低下，比他小 17 岁的女工同居的桃色新闻，就很快传遍全城。魏玛关于他的绯闻传得沸沸扬扬，风生水起。

本来，歌德来到魏玛城后，魏玛宫廷和上流社会曾有很多贵妇淑女对其一见倾心，但她们都没能打动高傲的歌德，而现在这份荣幸竟然被一个普通的平民姑娘夺去了，她们真是太生气了。

一时间，各种诽谤和责难向歌德倾泻过来，连一些歌德的崇拜者也对这事义愤填膺，他们说："国家永远不会原谅它的伟大诗人做出这种破坏法律和习俗的事。"

贵族们则这样指责他："一个堂堂大臣居然和一个下贱的平民女子结婚，真是侮辱魏玛宫廷！"

在这些诽谤和指责声中，只有赫尔德尔和奥古斯特公爵对这桩不相称的结合表示同情和理解。

赫尔德尔说："结婚是你自己的事，不要理会别人怎么看。"

奥古斯特公爵说："克里斯蒂安娜是个好姑娘，娶了她，是你的福气呢！"

能够得到好朋友的祝福，歌德觉得心里愉快多了，他对他们说："谢谢你们给我这样的安慰和鼓励。我会永远爱克里斯蒂安娜，对她不离不弃。"

面对各种流言蜚语，歌德不屑一顾，他骄傲地向外宣称："我追求这个姑娘时，她很穷，连一件漂亮的衣裳也没有，但我喜欢她，现在也是一样。"

很多人不了解歌德的择偶标准，他们问他："您究竟要怎样的姑娘呢？"

歌德握着克里斯蒂安娜的双手，深情地说："我要怎样的姑娘，你们现在已经看见了，因为我已经如愿以偿。就如我去海滨寻找贝壳，忽然在一只贝壳里找到一粒珍珠，我要永远珍藏在心头。”

听了歌德这样夸奖自己，克里斯蒂安娜感动极了。正是这粒珍珠，在18年后放出异彩，救了歌德一命。

1806年10月，普鲁士和法国军队在耶拿会战。普鲁士军队失败，拿破仑的军队占领了支持普鲁士的魏玛，法国兵分散住在魏玛居民的家里。

歌德家也被安排住进了两个法国兵。歌德让他们住在仆人的房间里。这天晚上，法国兵不知从哪里知道了他们住的是仆人的房间，就生气地闯进歌德的卧室。

一个法国兵用武器威胁歌德，说：“好啊！你居然敢这么对待我们！”

歌德当时手足无措，不知该怎么办才好。克里斯蒂安娜不懂法语，就问歌德发生了什么事。歌德告诉她：“他们因为被安排在仆人的房间里过夜而生气。”

机灵的克里斯蒂安娜马上端过两杯咖啡，请法国兵饮用。法国兵这才把武器收起来，可他们并没有离开的意思。

当时，歌德家所有值钱的东西都藏起来了，他实在没有什么好的物品来打发这两个士兵。克里斯蒂安娜不慌不忙地走到橱柜边，拿出两只银烛台，送给法国兵，又让歌德用法语做翻译说：“你们可不要小看了这两只银烛台，这可是非常珍贵的古董呢，它们是几百年前的一位公爵用过的，现在就送给你们两位吧！不过，请千万不要告诉别人哦，因为这是我们家最贵重的东西了。”

法国兵把烛台抓在手里，看了一会儿，就叽叽咕咕地走了。歌德对克里斯蒂安娜镇静勇敢的做法真是又敬佩又感激，他说：“亲爱的，谢谢你救了我的命，我一直都欠你一个盛大的婚礼，总有一天，我一定要给你补上。”

歌德说到做到，当法国军队撤走以后，歌德和克里斯蒂安娜在雅各布教堂举行了正式的宗教婚礼。

在这之前，歌德从来没有带克里斯蒂安娜参加上流社会的交谊会。甚至客人来访时，她也躲在内室不出来待客。当他们正式举行婚礼后，出身贫贱的克里斯蒂安娜才逐渐在社交场所露面。尽管这是一件挺委屈的事情，但善良的克里斯蒂安娜认为只要能在这位伟大的诗人身边就是最好不过的事了。

和克里斯蒂安娜生活在一起后，歌德特别希望能有个健康活泼的孩子。克里斯蒂安娜没有辜负丈夫的期望，在 1789 年圣诞节时生了一个儿子，取名奥古斯特，由公爵做儿子的教父。此后她还生了 4 个孩子，但都夭折了。

像从前一样，每一次的爱情都会激发歌德的创作灵感，躺在温馨的小家庭里，他又写了不少优美的爱情诗，著名的有《清晨的悲叹》《探望》以及长诗《罗马哀歌》《威尼斯警句诗》等。

《罗马哀歌》是用六步韵诗体写成的，又名《罗马恋情》，包括 24 首相关但并不很密切的组诗，在这首长诗中的第五首最为人称道，其中有这样的诗句：

情人剥夺了我白天的几小时，
晚间她便还我几小时作为赔偿。
不是亲吻，就是倾心对谈；
如果她睡意蒙眬，我便躺着遐思悠悠。
我常常在她的怀抱里吟诗作赋，
用手指在她的脊背上轻数着六音步韵律。
她在甜睡中呼吸着，她的气息灼热到我内心的深处。
阿摩这时拨亮了灯，
想起从前他曾为罗马三诗人同样地效力。

这组诗所描写的克里斯蒂安娜实际上融合了罗马少女浮士汀娜的形象，也反映了歌德夫妻的恋爱生活，是歌德对克里斯蒂安娜爱情的佐证。

在克里斯蒂安娜怀孕阶段，歌德按捺不住内心的欣喜，他伏在妻子隆起的肚子上，告诉未来的儿子："再等几天，时序女神就要来领你进入人生的路程。按命运指示，不管你遭际如何，我的儿啊，既是爱情造出你，也必将有爱分给你。"

克里斯蒂安娜对歌德越来越重要，她对歌德体贴入微。歌德还是经常外出旅游，每次出门，他都写信要克里斯蒂安娜照管好家里，克里斯蒂安娜也总是把家务安排得井井有条。

1790 年 3 月，歌德受卡尔·奥古斯特公爵的委托，再次去意大利迎接正在那里旅行的公爵的母亲，这期间的歌德已经不再愿意在那里多待一天了，他在写给家里的信里只有两行短诗：

东好，西好，
在家最好！

这两行短诗充分说明了歌德的恋家之情，虽然歌德在前一次离开意大利时是恋恋不舍，但旧地重游，他再也鼓不起从前的雅兴，因为，此时的诗人已难以割舍他的妻子了。

在歌德外出的日子，克里斯蒂安娜对丈夫的爱也是牵肠挂肚的，1793 年 6 月，她给远方的歌德写信，表达自己的思念，信写得很朴素，但流露出款款深情：

在又冷又湿的风雨天气里，我无时无刻不在想着你。亲爱的，这种天气你一定够受罪的，我十分担心，因为我们这儿冷得要命，非生火取暖不可。

我和小家伙一切都很好，孩子说起你就没完没了，并且总是问我："爸爸什么时候再回来?"要是知道有你的来信，他总是说："爸爸在信里没有说给我一个吻啊?"

亲爱的，我时时刻刻都在想你。我始终只有一个念头，就是怎样才能把家收拾得井井有条，给你增添一点快乐，因为是你使我这样幸福的。

祝好，亲爱的，孩子和我千遍地亲吻你。

可以看出，克里斯蒂安娜虽然文化水平不高，但在歌德的熏陶和调教下，她的信已经写得很出色了。

不幸的是，1815 年 1 月，克里斯蒂安娜患了一场重病，第二年就去世了。歌德伤心地为妻子写下了一首简短而沉痛的悼亡诗：

哦，太阳啊，你徒然想，透过阴暗的乌云照耀，
我却要用我的悲痛的身心，为她的死亡哭悼。

宫廷剧院总监

1791 年，魏玛宫廷剧院建成了，奥古斯特公爵要求歌德担任该剧院的总监一职。

公爵对歌德说：“阁下，这个剧院的建成有你很大的功劳，我觉得由你来出任剧院总监最合适。”

原来，早在 1779 年，歌德与科罗娜在魏玛剧院演出了《伊菲格尼在陶洛斯》之后，歌德就建议公爵殿下开始修建魏玛宫廷剧院了。为了让这个剧院与普通的德国剧院不同，从建筑式样到经费筹措，歌德都花了很多的时间和精力，现在，剧院顺利地修建成功，歌德从心底感到高兴。他愉快接受奥古斯特公爵的任命，担任起了剧院的领导人，并很快投入到新的工作中。

歌德觉得，既然剧院修成了，就应该好好地利用起来，他和剧院的工作人员开始商量即将上演的剧目。

工作人员问：“我们的剧院布景是否应该更漂亮点呢？”

歌德回答说：“不，剧院的布景不要太堂皇，甚至演员的服装都可以不必太华丽，但剧本一定要选择最好的。”

“那么，您认为什么才是最好的剧本呢？我们应该出演喜剧还是悲剧，还是其他什么呢？”工作人员说。

“从悲剧到闹剧，不管哪个类型都行，不过一部剧本总要有使人喜见乐闻的东西。它必须恢宏大气，赏心悦目，至少要是健康的、含有某种内涵的……”

歌德的话还没有说完，就被剧院工作者打断了，他提醒歌德：“可是先生，现在的观众都很喜欢看一些刺激的剧本呢！”

歌德摇摇头，坚决地说："这可不行。如果我们一味迎合观众的口味，尽上演一些病态的、卖弄感情的或者是阴森恐怖的剧本，那么，观众的欣赏水平只能越来越低。更重要的是这类剧本只会毒害演员和观众，直接地影响人们的生活。"

工作人员接着说："先生，如果我们不能迎合观众的口味，那么我们的剧院可能会赔钱啊！"

歌德仍然坚持自己的观点，他说："就算是赔钱，我们也要为观众和演员负责，作为一个剧院工作者，我们首先要做的工作是不能让戏剧毒害人民！"

其实，到底要演什么剧本，歌德心中也没有底，他从前的剧本已经出演过了，再次演出将不能吸引住观众。这时，文坛新星席勒把自己的剧本《阴谋与爱情》寄给了歌德。歌德看完剧本后说："这是多么动人而深刻的故事啊，我们就应该上演这样的剧本！"

歌德高高兴兴地把剧本拿到剧院，他要亲自指导演员们排练。在排练过程中，担任女主角的演员总是不能全身心地投入，歌德就示范给她看。他用激愤的声音说着剧本里的台词："等级的限制要倒塌，阶级的可恨的皮壳要破裂，我们每个人都是一样的！"

演员们给歌德鼓起掌来，他们互相鼓励说："瞧！我们的总监表演得多么好啊！他这么重视戏剧，又亲自指导我们，我们如果演不好，真是太对不起他了。"

演员们终于很投入地排练了。他们知道，他们的总监是一位大行

家，敷衍了事是过不了他这一关的。

一个剧本的成功上演，不知要预先排练多少遍。可是，不管歌德有多忙，每次遇到主要的排练，他都要去剧场观看。

宫廷剧院演员们精湛的表演受到人们的好评。在歌德的主持下，该剧院又上演了一些著名的戏剧，如莎士比亚的《哈姆莱特》《罗密欧与朱丽叶》、莫扎特的歌剧、莫里哀的喜剧等。

这样，魏玛宫廷剧院就像一颗明星点亮了魏玛贵族们的空闲生活，不管是年老的贵族还是年轻的贵族，他们都啧啧称赞这位新上任的总监："歌德先生真是一位天才，他让我们的生活更加精彩。"

一天，歌德从剧院下班向家中走去，在路上，他听到了两个普通百姓的谈话。

一人说："哎！你听说了吗？昨天又有人在一家乡村酒馆酗酒闹事打伤了人。"

另一人说："是吗？那我们以后都不要去喝酒了，免得发生危险。"

前一人说："可是，空闲的时候我们不去酒馆，那去哪里消遣呢？我们倒是想去宫廷剧院，可那是贵族才能去的地方啊！"

后一人无可奈何地说："唉！看来我们还是只有到酒馆去了。"

这两人的谈话让歌德吃了一惊，他快乐的心情立即变得沉重起来，他想："这都是我的错呀！既然是国家的剧院，为什么要把阶级分得那么清呢？我自己不也曾是一名普通的市民吗？"

想到这里，歌德立即跑过去，激动地握着这两个人的手说："谢谢你们的提醒！"

这两人觉得莫名其妙，他们看着歌德远去的背影，询问旁边的人："这个人是谁呀，他怎么要谢谢我们呢？"

旁边的人说："他是我们魏玛公国的顾问官，也是魏玛宫廷剧院的总监，伟大的诗人歌德博士。怎么，你们连他都不认识吗？那他为什么和你们握手呢?”

这两个百姓恍然大悟，他们自言自语地说：“啊！难道歌德博士是在告诉我们，宫廷剧院即将对我们这些普通人开放?”

事实上，这两个百姓猜得并不错，第二天，歌德就亲自在魏玛宫廷剧院的门口贴出这样的告示：

从即日起，每逢周日或其他节日，本剧院都会向每一位市民开放。

路过剧院的人们发现了这个告示，一传十，十传百，很快全城的人都知道了这个好消息。自从宫廷剧院向普通市民开放以后，奥古斯特公爵常常听到这样的报告：“殿下，现在酒馆再也没有人闹事了!”

“殿下，这个月我国没有出一件案子。”

这些报告听得公爵心里非常高兴，他叫来歌德表扬说：“阁下，我说得没错吧，让你来管理剧院是我作出的最好决策。瞧，你为魏玛的市民们做了一件多么好的事呀!”

歌德谦虚地说：“殿下，这都是您的功劳，要不是您的支持，我哪有现在的成绩呢!”

为达到这一目的，歌德在剧院的管理上煞费苦心，制定了严格的奖惩制度，他向下级解释说：“为了使我们的剧院兴旺起来，我们的剧院规章必须要有各种各样的处罚条文，要有固定的酬劳和奖励优异功勋的规程。你们每犯一次错误，我就要扣薪，但是你们要是做了超过自己分内的事，我也会奖励你们。”歌德的这一套生意经显出商人的精明。

在任何时候，歌德从来没有忘记自己是一位剧作家。白天的工作结束以后，他就会坐在安静的书房里，为剧院创作剧本。

在这一时期，歌德创作了大量的剧本，如《托尔夸多·塔索》《罗马狂欢节》《意大利游记》等。其中，以5幕诗剧《托尔夸多·塔索》最为成功。

《托尔夸多·塔索》这部诗剧，歌德从1780年就开始写作，直至1789年7月才得以完成。剧中主人公托尔夸多·塔索确有其人，他是意大利文艺复兴时代的诗人。当时意大利还处于分裂状态，他在一个叫费拉拉的公国宫廷中服务，后来因与封建宫廷冲突，以致精神失常，被公爵囚禁多年。

歌德年幼时读过塔索传以及塔索的长诗《被解放的耶路撒冷》的德文译本。他学了意大利文后，还读过该诗的原文。

歌德创作的《托尔夸多·塔索》剧本情节是：1575年4月在费拉拉郊外公爵的宫殿，塔索把他刚写好的史诗《被解放的耶路撒冷》献给公爵，公主亲自编好月桂冠给他戴到头上。这时，宫廷首相安托尼俄·蒙太卡蒂诺正好从罗马回来。他亲眼目睹塔索得此殊荣，心怀嫉妒，嘲弄塔索。塔索气愤至极，拔剑欲与之决斗，公爵将他斥退，令人将其软禁。塔索不解其意，将剑和桂冠交还公爵。公爵旋即派安托尼俄向他宣布赦令。

公爵夫人和公主建议塔索去另一个城市佛罗伦萨，但谁也没有想到，塔索竟然偷偷地爱上了公主，更让大家没有想到的是，他在告别时失去自制力，竟去拥抱公主，向公主表白爱情。公主大惊逃走，这时公爵恰好见到这个场面，便命人将塔索拘禁。塔索见到公爵与公主乘车离去，不再理会他，他深感失望，便破口大骂，连已经成为他朋友的安托尼俄劝解也没有用。诗人塔索从此精神失常，直至死去。

歌德在这部作品中通过塔索与安托尼俄的和解，肯定了与环境妥协、与现世妥协的思想，也肯定了从事实际事务者的价值。在魏玛，由于歌德为公国做了很多实事，连一直和他不和的老首相弗里奇最后都与他建立了很好的友谊，因此歌德笔下的《托尔夸多·塔索》已不再是一出悲剧。

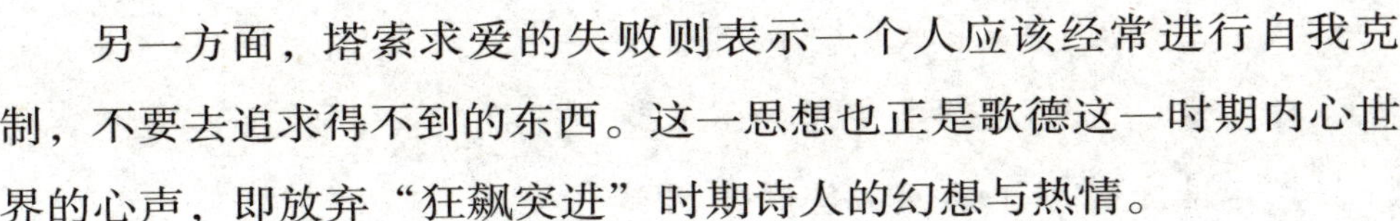

另一方面，塔索求爱的失败则表示一个人应该经常进行自我克制，不要去追求得不到的东西。这一思想也正是歌德这一时期内心世界的心声，即放弃“狂飙突进”时期诗人的幻想与热情。

歌德的《托尔夸多·塔索》具有完美的形式，除第一幕只有4场外，其余4幕每幕都各有5场。这标志着他从意大利回国后，在自己的艺术风格上向古典主义过渡了。

通过《托尔夸多·塔索》，歌德再次表现了人到中年时自己的烦恼，他青年时期所作的《少年维特之烦恼》只是因为恋爱而烦恼，而中年塔索却是因政治环境不如意，在痛苦时“倾诉满腔的烦恼”。

歌德在《托尔夸多·塔索》的最后一场戏中，设计了被抓起来的塔索发泄了自己满腔悲愤的长达63行的独白：

好，去吧，暴君！
你到底总要除下你的假面具，
让你扬扬得意吧！
你已把奴隶锁住，你蓄谋已久，
终于拖到现在让他吃苦；
去吧，我憎恨你，
我完全感到厌恶，横行霸道、多行不义的执掌权柄者激起我的厌恶。
我终于看到我自己遭到驱逐，
被一脚踢开，被赶走，像乞丐一样！
他们给我戴桂冠，
不过是为了把我打扮成牺牲拿去献祭！
到了最后的时日，
他们还骗取我的唯一的财产，
用花言巧语骗去我的诗，

紧紧地抓住不放！
唯一的财宝如今在你们手里，
这是我不论投奔何处的敲门砖；
我只有靠它能使我免于挨饿！
现在我明白，为何要给我休假。
这是个阴谋，你就是阴谋的首脑。
这样就使我的诗不会完成，
只为了使我不再能更加扬名，
使嫉妒者能找到无数的缺点，
使世人终于完全忘掉了我，
因此要让我安于闲居无为，
因此要叫我珍重我的身心。
哦，真是可贵的友谊，难得的关怀！
想到在我的周围不断地织着无形之网的阴谋，
真使我厌恶。
而看它变为事实，更加可憎。
而你这妖精！你曾那样温柔、
那样天仙似的引诱我，
我突然看出你原形！
天啊，干吗这样迟！

当然，歌德本人并没有像塔索那样骂过自己的公爵陛下，相反，歌德和奥古斯特公爵一直保持着良好的关系。但尽管这样，歌德因为政治上的不得志，仍在日记里这样写道："卡尔·奥古斯特从来也没有理解过我。"

歌德从出任宫廷剧院总监一职起，苦心经营剧院30多年，使魏玛的戏剧在欧洲享有崇高的地位，人们把这段时间的戏剧高峰叫作

“德国的歌德时代”。

戏剧在西方文艺中享有崇高的地位，先后出现过几次高峰，第四个高峰便是德国的“歌德时代”。由此也可见，歌德经营魏玛剧院的重大意义。

可惜的是，1825 年 3 月 22 日，魏玛宫廷剧院被一场大火吞噬。这天午夜，歌德被救火的嘈杂声吵醒，他从窗口望见剧院的上空烟火升腾，他的小孙子跑来告诉他：“爷爷，剧院失火了，真是太恐怖了。”

歌德望着烟火弥漫的夜空，往日的演剧排剧的情景又浮现在心头。他神情发呆，身子在微微地颤动，很久不说一句话。他的助手爱克曼先生来看他，向他报告剧院起火的情形。

歌德眼角流出了泪，嘴里不断地重复他的小孙子见火起时，害怕地说出的一句话：“人的遭遇就是这样惨啊！”

醉心科学研究

歌德当上宫廷剧院的总监后，又有很多新旧朋友围绕到他的身旁。1791 年，他在那不勒斯认识的瑞士人海因里希·迈耶尔来到魏玛，并在歌德家中一直住到 1803 年。年轻的哲学家谢林也前来耶拿任教，他以其进步的自然哲学观点而受到歌德的赞赏，但他却为落后的教会所不容。

歌德对自然科学的热爱仅次于文学创作，他和魏玛的自然科学家们保持着良好的关系，他关注着自然科学的最新进展，并时常向朋友们袒露自己的心迹说：“我的气质促使我比以往任何时候更热衷于自然科学，在我看来艺术创作、自然科学研究乃至数学运算，一切都同根本真理有关，它的发展在思辨中不像在实践中那样容易看出来，因为实践乃是精神感受到的事物的试金石，是内在感觉变成真实事物的试金石。”“坚信自己决心的价值的人，一旦转向外界，要求世界不仅只是应该同他的想象协调一致，而且要求世界必须服从他，顺从他的想象，进而实现他的想象。之后，他才悟出一条重要经验，不是他的行动有误，就是他的时代未能认识到真理。”

对于歌德来说，文艺创作和自然科学这两条不同的道路，都通向一个目标，那就是根本真理。

此时的歌德仍是魏玛宫廷的文化大臣。魏玛并没有大学。所以他经常去耶拿。耶拿大学聚集了许多人才。他经常与他们一起讨论问题，一起做试验。

耶拿在魏玛北面，乘马车去约有 3 小时路程。这里有一所耶拿大学和一座植物园。这正好做歌德研究科学的实验室。歌德觉得，自己

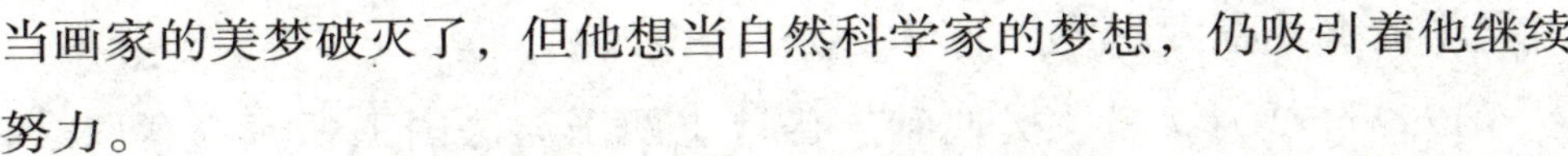

当画家的美梦破灭了，但他想当自然科学家的梦想，仍吸引着他继续努力。

从意大利返回魏玛后，歌德在自然科学方面比文艺创作投入了更多的时间和精力，他对植物学、颜色学、人体解剖学兴趣最为浓厚。1790 年 4 月，为迎接卡尔·奥古斯特公爵的母亲从意大利回国，歌德前往威尼斯。在威尼斯的海滩上，歌德的仆人偶然拾到一块头骨，交给了他。

歌德仔细观察这块骨头，他看出这不是人骨，而是绵羊的头盖骨，令他意外的是，它和人的头盖骨一样，都是从变化着的脊椎骨产生的，这些发现让歌德欣喜若狂。

在此之后，歌德开始《植物的变形》一书的写作，他在先前关于“原始植物”的构想的基础上，构造了一个所有植物发展过程的进化体系，即植物变形体系。

歌德认为，植物的所有部分都是从一个唯一的基本器官发育而成的，即由茎上的结节生发出叶子。具有完善形态的植物都是经过逐步演进才形成的。而植物种类的多样性则可以由植物形态变化过程中所产生不同的变种来加以说明。他仔细观察了植物生长过程之后，把变异分为有规则的、无规则的和偶然的三种。他还绘图并详细论证植物是如何从种子长出胚芽，变成胚叶，然后长叶子、开花结果的变异过程。

歌德通过观察，确认了植物的发展和变化，但在分析变化的原因时，他只承认量变而不认为有质的飞跃。歌德看到羊头骨之后，从植物的变异联想到动物的变异。他在 1806 年写出了《动物变形记》。

他认为动物最重要的部分是脊椎骨。动物形态各异，但都有脊椎骨。各种器官也都是由脊椎骨发展而来。当然，歌德在这里所说的动物全部指的是脊椎动物。

歌德对自然科学的迷恋持续了一辈子，有很多事都能说明他对自然科学的痴迷程度。

1792 年 2 月 7 日，奥地利、普鲁士两国与法国王朝流亡者联合，缔结反对法国的大同盟，准备推翻法国革命政权。4 月 20 日，法国向奥地利宣战。魏玛的奥古斯特公爵也加入了这场战争，公爵奉命指挥一个普鲁士军团，歌德随军到了前线。

有趣的是即使身在战场，炮弹横飞，歌德也有闲情逸致观摩自然，探索科学。

一次，他在一个有水的弹坑里发现一些小鱼，鱼在阳光照耀下颜色发生变化，他不禁看着了迷。

又有一次，大炮轰鸣，不少士兵因此得了“炮热症”，医生束手无策，歌德听说后，想弄清真相，亲自到前线体验，炮弹从身边“嗖嗖”飞过，他却一点也不畏惧。

战争结束后，歌德又重新回到科学和文学的生活氛围之中，他打算在安静的工作室里持之以恒，细心地照管好科学和艺术的神圣之火，为实现自己的宏愿而努力。

在这期间，歌德在文学的创作上也有一些成果，1794 年 7 月底，他完成了《平民将军》的写作。不久，他又将德国古老的动物叙事诗《列那狐》改写成六步韵诗，通过各种拟人的动物对现实生活中官僚、骑士、僧侣等人的丑恶行径进行讽刺和揭露，对受压迫的农民、手工业者、小市民寄予深切的同情。

尽管这样，歌德还是没能放弃科学研究，他对植物学、光学等自然科学的研究也在有条不紊地进行着。

1791 年，他在弗劳恩普兰官邸里设立了光学实验室。这是一间很小的暗房，仪器设备都非常简陋。但是，歌德通过自己的实验写出了著名的《光学论文集》。

歌德的客厅里摆了许多石头。这是他从外地，特别是从意大利收集来的。但比较起来，他在地质学领域的研究成果最少。

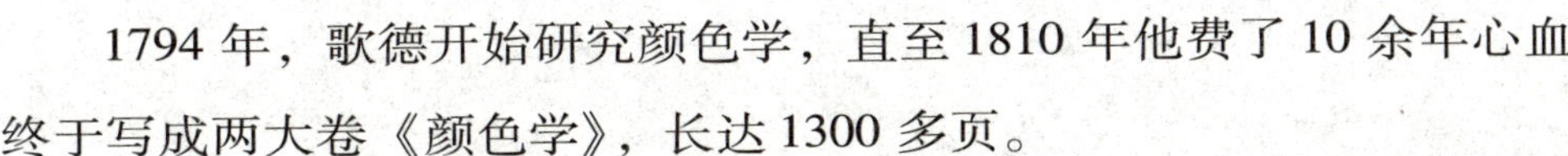

1794 年，歌德开始研究颜色学，直至 1810 年他费了 10 余年心血终于写成两大卷《颜色学》，长达 1300 多页。

英国天才物理学家伊萨克·牛顿认为在白色光里存在所有其他的颜色，通过三棱镜就能证实牛顿的见解。然而歌德却向牛顿提出了挑战，认为牛顿的学说是荒谬的，是没有科学依据的。

歌德在《颜色学》前言里把牛顿的学说比作一个仓促建成的古堡，虽然不断地扩建和加固，但却不能住人。他认为必须让这个古堡的四壁和屋顶接二连三地倒塌并将瓦砾清除干净，才能建立新的理论。歌德的新理论是："颜色是光明的行动，痛苦的行动。"

歌德通过对矿物、生物、人类从物理学、心理学及美学上的分析，得出一个结论：一切颜色都是由于闪光，由于明暗相互作用的结果。光明与黑暗如同斗争的南北两极，相互影响。它们在二者之间存在着闪光，即颜色的世界。他称蓝色和黄色为两主色。黄色具有愉快、活泼、刺激性小的性质。蓝色使人感到寒冷，令人不快。

歌德的这部专著出版以后，读者反应冷淡，原因是他的这个观点是错误的，因此他创作的《颜色学》并没有成为他所希望的"传世之作"。它只是在维也纳畅销了一阵子。

作为自然科学家，歌德的确是有独到的发现的，但他的这些发现都带有偶然性。因为，他仅仅是个业余的科学家，没有什么正规的仪器，只能靠自己的肉眼观察。不过，在这样的情况下，歌德的科学发现能够有这些成果已经是很了不起的事了。

联手作家席勒

1794 年 7 月下旬的一天，歌德应邀前往耶拿出席自然研究会的会议。这次会议本身并无特别重要的意义，但却揭开了歌德一生中极为重大的一幕。

这是因为，在这次会议上，歌德的旁边坐着一个后来成为他生死之交的新朋友，他们走了很长一段路，并开始了影响德国文学史的伟大友谊，这个人就是席勒。

弗里德里希·席勒比歌德小 10 岁，出生在德国西南部的一个小镇马尔巴哈。席勒的父亲是外科医生，后来到部队当军医。席勒幼年接受一名善良的牧师的耐心教育，后来进入拉丁语学校读书，学习始终名列前茅。13 岁，席勒进了符腾堡公爵卡尔·欧根办的军事学校。该校对学生进行奴化教育，被人称为“奴隶养成所”。

1779 年 12 月，歌德陪同卡尔·奥古斯特公爵去瑞士时，途经斯图加特，顺道访问了这所“卡尔学校”。席勒站在队列里欢迎他们。两年后，就是这个席勒写出了充满“狂飙突进”运动精神的剧本《强盗》，在曼海姆上演后，引起巨大反响。再过两年，他的又一部剧作《阴谋与爱情》问世，再次轰动德国剧坛。

由于他的作品包含明显的政治观点，受到了当局迫害。无处藏身的席勒不得不到处流浪。1787 年，这位“狂飙突进”的剧作家来到了魏玛。

这年 8 月 28 日，歌德的一帮朋友，聚集在歌德的家中，为不在场的歌德祝贺生日，席勒也被他们邀请来了。席勒坐在一张靠边的桌子前，眼望着桌上的高脚酒杯出神。他来魏玛以后，听到许多有关歌德的事情，他自言自语地说："歌德这个人真走运，童年很幸福，又能接受最好的教育，年纪轻轻的就当上了枢密顾问官，在文学上也有名气，真令人羡慕。他的才华和智慧未必比我高，他为什么得来那么容易？而我却要永远与自己的命运作斗争。他只比我大10岁，我却远不如他。"

第二年，歌德从意大利回到魏玛。席勒渴望立即见到歌德，并托人转达他对歌德的最良好祝愿。席勒等了近两个月，歌德仍未接见他，他感到十分困惑。

在9月里的一个星期天，天气晴朗，阳光明媚，歌德在郊外的别墅里，请了许多朋友来聚会，也请了席勒。由于人多，歌德只随便地与席勒讲了几句话。席勒盼望着有一天能和歌德就文学艺术问题长谈。但从这以后很久，席勒仍不见歌德召见自己。

席勒失望地给朋友写信说："他的世界不是我的世界，我和他的观念根本不同。同他相处常常会使我不快，他对他最亲近的朋友也很矜持，我相信他是个非常自私的人，我对他的感情是一种爱与憎的奇异的混合。"

席勒没有固定的工作，只有靠写稿度日，他将自己的窘迫情形写信告诉给歌德，并顺便寄上了自己的诗歌《欢乐颂》。他在信中说：

歌德先生，请您帮助我介绍一份工作，我将会非常感谢。

歌德看完席勒的诗，觉得席勒的确很有才华，他一边看信，一边想："我一定要帮助他。"

可是，什么工作才合适席勒呢？歌德想来想去，决定推荐他到耶拿大学任教。他认为，这样席勒便可以利用课余的时间进行创作了。

1789年元旦，席勒被聘为耶拿大学客座历史教授，担任哲学、宗教、艺术和风俗史的讲师。

5 月 26 日晚，席勒去上了第一堂课。他授课的教室座无虚席，480 名听众超过了全校学生总人数的一半。

席勒在耶拿一年多的教学中受到了学生的崇敬，并与贵族小姐夏洛特·冯·伦格费尔德结了婚。但他想要得到的还不仅仅是这些，他还想在这里继续施展自己的才华。

席勒在耶拿大学组织了一个志同道合的文学评论小组，并以评论家的身份写文章。

这时，一位有影响的大出版商科塔发现席勒有从事杂志编辑和组织工作的巨大能力，建议与席勒合办一个文艺杂志。由席勒主办，他负责经济，席勒愉快地答应了。

这个刊物名叫《时代女神》，它以席勒的声望和高稿酬吸引了许多大作家。新刊物一出版就获得社会上的好评。席勒为了扩大刊物的影响，决心把当时有名的赫尔德尔、歌德和康德请来。他以“无限尊敬他们的团体”的名义，分别给 3 个人发了邀请信。

在这个时候，歌德正为不能写出新的剧本而着急，他立即回信表示乐意同这些可尊敬的人们结成联盟。一个月以后，歌德与席勒在耶拿大自然爱好者协会见面了。

虽然这已经不是歌德和席勒的第一次见面了，但此时的席勒作为《时代女神》的主办人，已让歌德对他刮目相看。

然而，两人刚一见面就唇枪舌剑地战斗起来。这是因为两人的哲学观点不同。席勒是一个康德主义者，他认为真理来自主观的思考，与经验毫无关系；而歌德是一个固执的经验主义者，他认为一切真理都来自经验，不是来自由主观思考得来的思想。

会后，歌德陪席勒回住处，两人继续谈话。歌德兴致勃勃地给席勒讲植物变态的本质，还画出象征性的原始植物的图形。

席勒听着看着思考着，对此产生浓厚的兴趣。当歌德指出：“这种变态的本质来自经验，并且完全被经验所证明”时，席勒却摇着头说：“不对，这不是经验，而是由主观思考出来的思想。”

歌德一下子愣住了，感到很尴尬，他立即发现了他和席勒的分歧点，结果，谁也说服不了谁。

还是歌德善于应对，他说：“我有理念，但我不知道它，却又能用眼睛看到，这倒使我十分高兴!”

席勒也不想把同歌德的关系弄僵。他反问一句：“难道会存在一种与理念相适应的经验？因为理念的特点就在于它永远也不会和经验相符合。”

在这第一次坦诚相见之后，他们形成了一个磁石的两极，虽然异质，但相互吸引，而不是相互排斥。歌德对他的朋友说：“席勒的吸引力是巨大的，凡是靠近他的人，都摆脱不了他的控制。”

过了一个星期，他们俩在耶拿再次长谈，不过这次谈的是艺术理论问题，他们发现，两人虽然观点有所不同，但主要思想却惊人的一致。

这一年的 8 月 23 日，席勒给歌德写了一封长信。这封信简直是一篇学术论文。他开始分析了歌德的天才、他的创作方法和精神发展的过程。他声称，他对于歌德的了解甚过歌德本人。他在信里肯定了歌德的从个别到一般的创作方法，认为歌德是直观的天才，而自己则属于哲学家、推理人物之列。他也说到自己的缺点：“我缺少客体、形体，思想上抽象的推论太多了。”

在信的结尾，席勒邀请歌德为自己主持的新杂志撰写稿件，并指出，如果他们相互学习，取长补短，两人可以成为最好的朋友。

歌德正好在生日前夕收到了席勒的信，便回了一封言辞恳切的信，说席勒的信是他最好的生日礼物。歌德在信中明确地表示：“我们双方彼此清楚了我们目前达到的地方，这样我们就更能不间断地共同合作。”他还热情地邀请席勒到魏玛做客。

席勒从耶拿赶往魏玛，住在歌德家中，和歌德朝夕砥砺，共同切磋了14天，双方弥合了分歧，拟订了一个繁荣民族文化的合作计划。计划包括：创建《时代女神》刊物，作为宣传自己文学主张、登载文学作品、组织作家队伍、培养后代新人的阵地和场所。两人约定今后就共同关心的问题进行通信。

从此，在德国文学史上开始了歌德和席勒密切合作的新时代。德国文学进入古典文学时期。这个“世界的角落”，弹丸之邦的魏玛，成了德国古典文学运动的中心。

1795年5月，《时代女神》第一期出版了，歌德的《罗马哀歌》《德意志流亡者谈话录》《文学上的无短裤党》，席勒的美学著作《美育书简》《论素朴的诗和感伤的诗》等都发表在这本期刊上。

同时在刊物上撰稿的还有费希特、洪堡、施勒格尔等人，他们后来都成为德国伟大的文化名人。

但这时的德国文学潮流充满了庸俗鄙陋的市民习气，读者们喜爱的是伊弗兰德等人的通俗小说，他们对文学的一番高论和严肃文学作品不感兴趣。

《时代女神》杂志只能在小范围发行，这使歌德和席勒大失所望。《罗马哀歌》还遭到非议，说诗里有些下流话，连赫尔德尔也不主张发表它。

歌德愤世嫉俗，早就想对德国的鄙陋状态、德国文艺界的昏庸和愚昧发起进攻和回击。因为他辛辛苦苦写出的8卷本《歌德著作集》印了4000册，订购者寥寥，仅售出了626册，这使歌德大为感慨。

同年12月23日，歌德写信给席勒，建议采用古罗马诗人玛迪亚利斯·瓦勒里乌斯用的二行诗体《赠辞》，发起一场论战，以引起人们的注意。

《赠辞》是一种讽刺短诗，多则几行，少仅两行，诗体适合于警句、格言、讽刺、训诫。两天后，歌德就把试作的12首这样的讽刺短诗寄给了席勒。席勒随即复信赞成。于是，两个诗人你一首，我一首，有时甚至两人讨论，共同创作，分不出是谁作的。他们把这些诗分赠他们的对手，诗句尖酸刻薄，针砭时弊。被触痛者大有人在。在短时间内，他俩共写了近千首警句诗。

这些《赠辞》发表在1796年10月席勒编辑的《诗神年鉴》上，文学史家把这一年称作“赠诗年”。

从这一年起，席勒开始了《华伦斯坦》三部曲的写作，而歌德则着手重新创作《浮士德》，并完成了《威廉·迈斯特的学习时代》《赫尔曼和窦绿苔》等作品。歌德又一个创作高峰来到了。

《威廉·迈斯特的学习时代》是歌德完成了自《少年维特之烦恼》问世以来的第二部长篇小说，它是歌德以1777年至1785年间写的小说稿《威廉·迈斯特的戏剧使命》为基础，加以改编和扩充写成的。主要内容是通过一个商人儿子威廉·迈斯特加入一个巡回演出剧团，并通过剧团丰富多彩的演出活动反映18世纪末德国戏剧界的繁荣状况。

歌德后来完成的《威廉·迈斯特的学习时代》在内容上比《威廉·迈斯特的戏剧使命》要广阔得多，意义也要深刻得多。这部著作属于德国文学中的所谓发展小说，其实也就是教育小说。故事讲述威廉·迈斯特出生于富商家庭，本性善良正直，从小怀有提高与完善自身的受教育思想。处在新时代中的他，为认识自己和世界而接受教育，大胆实践，增加生活阅历，经受生活的磨炼，并通过对戏剧艺术的追求和对个人情感的培养，排除了爱情、友情等各方面的种种困扰，最终体会到了生活的意义，达到了他所追求的个人思想境界。

在这部小说中，歌德贯彻了他的务实的人生哲学，即人们应在社会实践中追求理想，威廉便是在实践中追求人生的意义，而不是在书本或冥想中追求的一个典型。

歌德之所以能够顺利地完成这部作品，全靠席勒对他的督促和激励，他把这部稿子完成后第一个拿给席勒看，席勒愉快地称赞此作品是歌德的又一次突破。

遗憾的是这篇小说发表后，社会反响平淡，并没有像歌德当年的《少年维特之烦恼》那样引起读者的轰动。

幸好，歌德在这同一年还完成了史诗《赫尔曼和窦绿苔》，这部作品终于使歌德再次赢得读者的青睐。

《赫尔曼和窦绿苔》是一首以爱情为线索的叙事诗，取材于1734年出版的一本书名为《从萨尔茨堡被逐的路德派教徒流亡全史》的历史书。歌德从该书中改编了一个小故事，写成了共2000多行、用六音步诗体的长诗，他把故事背景换成了法国大革命。故事情节很简单：法国军队打败普奥联军后，进驻莱茵河地区。难民纷纷从河西岸逃到河东岸。

金狮旅店店主及其妻子救助难民，店主儿子赫尔曼爱上了难民中一个美女窦绿苔。而她早已与另一男子订婚。但未婚夫去法国参加大革命不幸阵亡。

赫尔曼的父母嫌贫爱富，不肯同意儿子娶一个流浪的贫穷女子。牧师建议将女子带来看看。赫尔曼的父母一见这女子长得如花似玉，稳重端庄，暗中欢喜，立即改变初衷。这时的窦绿苔原以为赫尔曼是叫她来做女佣的，听了之后深感意外。其实她也早爱上了赫尔曼，当赫尔曼上前拥抱她时，她拿出了一个装有200杜卡托的钱袋作为嫁妆。赫尔曼一家更加欢喜。这部田园诗以皆大欢喜的场面结束。

这部从形式到内容都渗透了宁静的田园牧歌风味的作品，充分体现出这一时期歌德的保守思想和对法国革命的冷淡态度。他在书中把法国革命所带来的生活动荡和小市民的庸俗平静生活作了对比，歌德肯定并赞美后者，刻画了实质上庸俗的小市民生活，对革命带来的动荡则表示厌恶。

这是歌德与席勒订交后写成的唯一有重大意义的作品，席勒称它

为“我们整个当代艺术高峰”的叙事诗。

这年年底，歌德去耶拿席勒家商议第二年的合作计划，两人看到了《诗神年鉴》刊登《赠辞》引起社会的良好反应。该刊出版后被抢购一空，不得不再版。同时，《赠辞》发表后，反对他们的人受到讽刺，很不甘心，纷纷写文章攻击他们。

歌德受到攻击反而有了更大的写作热情，他告诉席勒说：“《赠辞》只是一个冒险的开始，我们以后必须致力于伟大的、有价值的创作，创造一些高尚的、善良的人物形象和社会现象，使我们的敌人感到羞愧。”

席勒非常支持歌德的主张，他们决定每人写一批谣曲，作为1797年在杂志上刊登的新内容。

谣曲是德国独特的诗歌形式。它源于民间，是将抒情与叙事结合在一起，可长可短，形式灵活多变，为人们喜闻乐见的一种诗体，以前歌德写过《野蔷薇》《塞森海姆之歌》等诗，早已成竹在胸，一旦决定，便手到拈来。几天之后，歌德便向席勒交卷。席勒肚子里也有的是故事，他们便你一首、我一首地竞相作诗，歌德写了《掘宝者》《魔术师的门路》《神与舞女》《科林斯的未婚妻》等，席勒发表了《潜水者》《手套》《伊件科斯的鹤》等著名诗篇。

由于他们创作了这么多谣曲，1797 年被称为德国文学史上的“谣曲年”。

合作结出硕果

1797 年 8 月的一天，歌德决定去瑞士旅游，临走的时候，他去拜访了席勒，对席勒说："席勒先生，我要去瑞士旅行，呼吸一下外面的新鲜空气，这样会对我的写作有所帮助。"

席勒也觉得旅行是非常有益的活动，就说："您放心出去吧！要记得把你的见闻告诉我。"

歌德高兴地同意了，随后就出发了。

瑞士美丽的日内瓦湖和阿尔卑斯山的风景让歌德非常陶醉，陪他参观的瑞士朋友介绍说："歌德先生，您不知道吧，这儿就是传奇人物威廉·退尔的故乡。"

歌德惊讶极了，他说："什么？威廉·退尔，就是那个领导瑞士人民起义、摆脱外国残暴统治的民族英雄吗？"

陪同回答说："是呀，在这里流传着很多关于他的传说呢！"

这可是个意外的发现，歌德想："如果以瑞士为背景，以退尔为主角，创作一部英雄史诗倒是不错的主意。"

有了这样的想法，歌德就每天拜访那些知道威廉·退尔事迹的人，听他们讲威廉·退尔的故事，又参观威廉·退尔出入过的地方。

歌德还没有离开瑞士，他的脑子里，就已经开始构思威廉·退尔的整个剧情了，他想象着退尔驰骋在瑞士的大地上的英雄形象，赶紧把头脑里的情节、场景、人物一一地记录下来。

从瑞士回来，歌德把自己的发现和计划兴冲冲地告诉给席勒，席勒高兴地说："看来您的这次瑞士之行，真是收获不少啊，如果这部作品写出来，一定会引起轰动的。"

可是歌德太忙了，他既是公国科学艺术事务总监，又兼职宫廷剧院的事务，而且，他还有自己的《浮士德》需要完成。

歌德看着自己在瑞士做的记录，心里想："这样好的题材如果浪费掉，实在是太可惜了。可是我实在太忙了，该怎么办呢？"

突然，歌德心里想出办法，他自言自语地说："哈哈！我不能亲自写，但可以让席勒写呀，他一定愿意帮助我的。"

想好后，歌德立即拿着所有的资料，兴奋地去找席勒。他一见到席勒，就说："我亲爱的朋友，这个忙你一定要帮我！"

席勒不知道是什么事，奇怪地问："什么事呢？"

歌德说："你是知道的，我一人身兼多职，忙得不可开交，可是关于退尔的资料我已经找得差不多了，所以，我想请你来完成这部剧本，行吗？瞧，我连资料都一起带来了……"

席勒吓了一跳，不等歌德说完，便说："先生，您不是开玩笑吧！您要把这些题材都送给我，这怎么好呢？"

歌德微笑地看着席勒说："我是认真的，朋友，怎么，难道你没有信心将它写好吗？"

席勒激动得不知说什么才好，过了很久，他才吐出一句话说："先生，您真是太无私、太仁慈了。你要我怎么感谢您呢？您放心好了，我一定会尽我最大的努力写到您满意为止。"

歌德紧紧地握住席勒的手，认真地点点头说："来，让我给你讲讲这个故事的全部内容，如果你有什么不清楚的地方，还可以随时来找我。"

席勒以这个题材，用了6个星期的时间写出了他最重要的剧本之一《威廉·退尔》。剧本里，威廉·退尔被席勒塑造得非常逼真，退尔故乡的景色也被描绘得生动、具体，就像席勒亲自去过那些地方一样。

面对人们的赞扬，席勒总是谦虚地说："我哪里去过瑞士嘛，都是歌德先生给我的题材，要是没有他，我是绝对也写不出这个剧本的。它应该算是我们共同创作的啊！”

而歌德则对他的朋友们说：“我只给他提供了很少的资料，他就能写出这么成功的作品，这是他本人的才华！”

歌德向席勒转让退尔的题材的事，后来成为德国文坛的一段佳话。

为了更密切地合作，席勒辞去了耶拿大学的教授职务，于 1799 年迁居魏玛。他的住处与歌德家近在咫尺。他经常来歌德家串门。歌德也常去席勒家。他们合作办刊物的事结束了，为了在文坛上取得更辉煌的成就，他们决定拿出更多的作品来。

作为剧作家，席勒应歌德之邀参与了魏玛宫廷剧院的领导工作，戏剧是他和歌德的共同爱好。他们一起改造剧院，选定剧本，每一次，席勒写出的剧作总是优先安排上演。这块神圣的舞台成了歌德和他展示古典文学艺术风格的重要阵地。

最初，魏玛宫廷剧院每五天演一次席勒的剧目，后来缩短成每三天演一次。

歌德与席勒两人的创作方法和作品风格是截然不同的。歌德写作全靠自己对生活的体验，写东西，从来不征求别人的意见，只是写好了以后，才拿给人看。而席勒则是根据理性的需要来选择安排故事情节，喜欢一边写一边给歌德看。他们在文学创作上经常发生争论，最后是取长补短，使作品更加完善。

歌德也十分佩服席勒，说席勒的才能生来就是适合于舞台的。

由于魏玛剧院总是上演席勒的剧本，席勒的名字也一天比一天响亮起来，席勒感动地对歌德说：“我的成功有您的很多心血呢！”

歌德摆摆手，说：“是您的才华使您成功的，和我有什么关系呢！”

为了促进德国民族文学的发展繁荣，歌德和席勒还计划成立一个民族文学中心，创建一所作家学院。在 18 世纪末 19 世纪初的 7 年时光里，歌德和席勒这两个文学巨人为德国文学的辉煌殚精竭虑，小城魏玛的天空在这10年时光里，也因这两颗文学巨星的照耀而变得异常灿烂。

据统计，从1791年至1817年间，魏玛宫廷剧院上演的剧本共计118部，歌德和席勒的剧本就有37部，每晚观众约500人。

为了增加剧院收入，歌德征得公爵同意，增加星期日晚场，这也丰富了人民的假日文娱生活。此外，歌德还组织魏玛剧团到梅塞堡附近的疗养地劳赫施泰特演出，增加收入，然后分发奖金。

就在歌德与席勒合作期间，小小的魏玛成为当时德国文化中心的时候，他们两人同时病倒了。

歌德得的是剧烈的心绞痛，席勒得的是一种慢性肺病。他们都病卧在床上，再也不能像以前那样在一起互相切磋了。只有在身体稍好的时候，他们才会给对方写几封信。

席勒在信中对歌德说："疾病使我的身心都陷入深深的痛苦之中，我感觉到自己的生命力是那么薄弱，我失去了和疾病抗争的勇气，一切只能听天由命了。"

歌德看见席勒的信，非常心痛，他没有想到因为疾病的折磨，竟然使好友说出这样消极的话来，他决定帮助席勒找回生活的信心，他便叫妻子克里斯蒂安娜替自己执笔，给席勒写了一封回信。

在信中，歌德对席勒说："虽然我们经受疾病的折磨，生活充满痛苦，可是，我们不能失去和疾病抗争的勇气。只要我们满怀信心，我们的身体就会好起来的。"

有一天，歌德觉得自己的病稍微好了一点，可以下床活动了，他就急忙穿好衣服，想去慰问病中的席勒，他一边走，一边想："不知道席勒现在怎么样了呢？"

当他来到席勒的家门口时，席勒正从自己家的院子里走出来。

歌德看见瘦了很多的朋友，热情地询问席勒这是要去哪里？

席勒对歌德说："我想要去看戏，您愿意陪我一起去吗？"

歌德感到自己的体力有些支持不住，便拒绝了席勒的要求说："真对不起，我实在太累了。"

歌德一直看着席勒的背影消失在街道的尽头，他没有想到这竟是与朋友的永别。

1805 年 5 月 9 日 15 时，席勒的心脏停止了跳动。这一年，他仅有 44 岁。

这天晚上，歌德患心绞痛，正在床上休息，没有人敢把这个噩耗告诉他，但歌德的意识里预感到了有什么不幸的事发生，他对克里斯蒂安娜说："我感到，席勒一定病得很厉害，对吗？"

克里斯蒂安娜把话岔开支吾了过去。

过了一会儿，歌德又对妻子说："亲爱的，你帮我去看看席勒好吗？他到底怎么样了！"

克里斯蒂安娜没有说话，她开始轻声地抽泣起来。

歌德像是明白了什么似的，他自言自语地说了一声："他死了，对吗？"

克里斯蒂安娜哽咽地答道："您自己已经说出来了！"

歌德再次重复了一句"他死了"，说完转过身子，双手蒙住眼睛，像个孩子般地痛哭了起来。

心绞痛反复发作，威胁着歌德的身体，失去朋友的悲伤威胁着歌德的健康。歌德又一次面临生活和创作的危机，他心灰意冷，3 个星期之后，他写信给另外的朋友："我原以为我自己完了，现在失去了一位朋友，等于失去我生命的一半。"

歌德实在不能承受席勒去世的打击，他的病更重了，医生劝他去疗养。

歌德来到萨勒河畔哈雷附近的劳赫施泰特温泉疗养。温泉的水，洗去了歌德身体的病痛；温泉附近的美丽的风光，也医治了歌德心灵

的悲伤。歌德的身体，一天天地好起来。

疗养地有一座夏日剧场，1805 年 8 月的一天，剧场准备举办《大钟之歌》的演出来纪念席勒。

剧场的经理找到歌德，说：“先生，您是席勒生平最敬爱的人，请您为这场演出写一首‘终曲’好吗?”

歌德伤心地同意了，因为席勒的遗体是在 1805 年 5 月 11 日深夜安葬的，所以歌德“终曲”从可怕的夜半钟声写起：

我听到恐怖的半夜钟声，
沉重而郁闷，使人感到凄凉。
这怎么可能？是我们的友人？
他关系着我们的一切愿望。
死神竟要夺去这可贵的生命。
唉！这个损失使世人多么怅惘！
这死别沉重地打击着他的家族！
世人都在哭，我们又怎能不哭？
他是我们的！在那好日子里，
这高贵的人是多么可敬可亲，
他乐于愉快地和人促膝谈心，
有时十分随和，有时严肃认真，
有时敏慧机智，有时充满信心。
把我们的生活准则深刻地阐明，
言论和行动总显得多姿多彩，
我们都有这种感受，这种体验。
他是我们的！愿这句豪言，
强有力地盖过哀痛的声音！
他本想在这安全的港口里面，

在暴风之后，跟我们永远相亲，
让他的精神有力地迈步向前，
一直走向永远的真善美之境，
把控制我们大家的凡庸平常抛在他身后，
成为空虚的假象。
于是他修好美丽的花园塔顶，
他从那儿聆听星辰的语言，
是那样充满神秘而又分明，
正迎合他的永恒、活跃的思念。
他在那里可怕地颠倒时辰，
使他自己和我们获益匪浅，
他就这样用最高的沉思，
对付使我们疲劳的黄昏和黑夜。

歌德和席勒合作的 10 年，硕果累累。他们在这鄙陋的落后的德国，在魏玛这个世界的角落，开创了德国古典文学的新时代。如果没有这次合作，席勒仍然钻进思辨哲学里出不来，歌德仍然精神不振地埋首于作为业余爱好的自然科学研究，他们能取得这些伟大成果吗？当然不会。他俩的合作把德国文学推到了一个高峰。小小的魏玛成为了当时德国人文荟萃的中心。随着席勒的死，德国古典文学时期也宣告结束。

认清战争的实质

1805年，随着挚友席勒的逝世，歌德常常把自己关在一个狭窄的房间里，用思考的眼光审视自己的一生，寻找今后的努力方向。

他回顾从意大利旅游归来后的这一个时期的情况：认识好友席勒后，在他的鼓励和鞭策下，自己在文学创作上有了不少成绩。但是现在好友去世了，他是应该沉沦下去呢，还是继续创作？

歌德突然意识到，人的一生真是太短暂了，他不能再耽误下去了，他必须立即将全部的心思投入到创作中去，利用自己剩下的生命去创造出其他人不可能创造出来的东西。

从失去好友的悲痛中醒来的歌德，所做的第一件事就是辞掉了肩上的所有职务。没有任何工作琐事打搅的他觉得一身轻松。

第二年4月，歌德顺利地完成了早就想写完的《浮士德》第一部，当他正计划着继续第二部构思的时候，战争的阴影笼罩了他的国家。

1806年7月12日，拿破仑强制德国72个邦成立了“莱茵联盟”。各邦军队共有63000人，与奥地利和普鲁士两大邦形成鼎足之势。法军20万人集结在莱茵河两岸。在拿破仑的指挥下，54000法军开赴耶拿，于10月14日打响了耶拿战役。结果，普鲁士军被打得大败而逃。这次战役一举歼灭普军40000人。

歌德因是名人，受到法军司令的保护，但是指定住在歌德家的奥热罗元帅没有来投宿，却来了16名阿尔萨斯骑兵。他们疲惫不堪，吵吵嚷嚷，要吃要喝，再加上有些失去家园的本地居民来寻求大臣的庇护。歌德的家里简直是闹翻了天，幸亏克里斯蒂安娜善于应付，才将他们的食宿安排妥当。

耶拿战役之后，拿破仑也来到魏玛，下榻在皇宫里。11 月 16 日，他接见魏玛枢密院人员，但只见到枢密顾问沃伊克特和沃尔措根。歌德借口身体不适，写了便条请假，未参加谒见。公爵不在，只有公爵夫人留守魏玛。拿破仑盛怒之下，要消灭魏玛公国。多亏公爵夫人多方周旋，说她丈夫因系普鲁士国王姻亲，不得不尽义务参战，拿破仑才息怒。他提出的条件是：卡尔·奥古斯特不再参加普鲁士军务，并向法国交纳高达 22 万法郎的军费。后经过俄国沙皇说情，魏玛公国才保住。

但是，战争终究是残酷的，魏玛城在大火和抢掠的双重摧残下，不几天就面目全非，体无完肤了。歌德深深地感到痛心。

1808 年，耶拿战役过去两年了。拿破仑在进军西班牙之前来到埃尔福特。这时的拿破仑声威显赫，原神圣罗马帝国领土上的 4 个国王和 34 个公爵都来这里向他表示朝贺。已被迫加入了莱茵联盟的卡尔·奥古斯特公爵当然也得到场，他给在魏玛的歌德发来了请柬，说拿破仑要召见他。

此时，歌德刚接到母亲去世的消息，他非常不愿意会见这位法国皇帝，但经过思索以后，他还是去了埃尔福特。

这年 10 月 2 日，歌德第一次会见了法国皇帝拿破仑。拿破仑当时正在前总督达尔贝格的宫殿里处理公务，歌德穿着燕尾服，走上台阶，进入皇宫等候接见。关于这次的接见，歌德在 16 年后亲自口述了大致经过：

我走入宫内。皇帝正坐在大圆桌旁进早餐。他右侧，离桌子稍远处，站着塔列朗，他左侧，近处站着达鲁。皇帝正同他谈赔款的事情。皇帝示意要我过去。我走了过去，在他面前的适当地方停下来。

他注视我一会以后，说："您真是一位人物。"我鞠了一躬。

他问道："您多大年纪了？"

"60岁。"

"您保养得很好。"

"您写过悲剧。"

我回答了最必要的话。

这时达鲁接过话头。他为了向他得罪了的德国人讨好，提到了德国文学，还说他精通拉丁文，甚至编辑出版过贺拉斯的著作。

他谈论我，就好像我在柏林的恩主谈论我一样，从他的话里至少我看出他们的思想方式和想法。接着他补充说，我也从法文译过些东西，具体地说，译过伏尔泰的《穆罕默德》。

皇帝说："这不是一个好剧本。分析过于烦琐，对这个征服世界的人作了这样不出色的描写，很不合适。"

然后他把话题转到《少年维特之烦恼》上来。想必他彻底地研究过这本书。他发表了许多完全正确的意见，然后提到某一个地方，说："您为什么这样写呢？这样写是不合情理的。"他对此作了详尽的分析，并且完全正确。

我面带笑容倾听他的论述，微笑地回答说，我虽然不知道是否有人也同样指责我，但是我觉得他的意见完全正确，承认检查起来这一段确实有些不真实。我又说，只是，如果一个诗人使用一种不容易发现的技巧，以便产生用淳朴自然的方法达不到的某种效果，那也许应该原谅他。

皇帝对此似乎是满意的，他又回到了戏剧的话题，并且提出了十分重要的意见，有如一个人像刑事审判官那样全神贯注地观看一出悲剧，同时深深感到法国的戏剧既不自然，又不真实。

他还谈到命运剧，他说，它们属于黑暗的时代。他说，现在什么是命运呢？政治就是命运。

然后，他又转向达鲁，同他议论起征收军税的大事来了。我则稍稍后退，刚好站到窗户的旁边。

等了好一会儿，皇帝起身向我走来，打手势叫我离开我站的那一排人。

这里我必须说明一下：在这整个谈话中，我不得不对皇帝的话表示赞赏，因为他听我讲话时很少是面无表情的，他要么沉思地点点头，要么说“是的”或“这很好”之类的话。同时，在他说完话时，通常还要加一句：“歌德先生的意见呢？”

最后，我抓住了一个机会，用一个手势向负责礼宾的官员询问，我是否可以告辞了。他肯定地回答后，我便立即告辞了。

这次会见持续了一个多小时，当歌德走出房间时，拿破仑对身边人说：“这真是个大人物！”

4 天以后，拿破仑来到魏玛城，为了向他表示敬意，魏玛宫廷举行了盛大舞会，剧院里还演出了《恺撒之死》，歌德被邀出席。

10 月 14 日，在耶拿战役两周年之时，拿破仑向歌德和另一个德

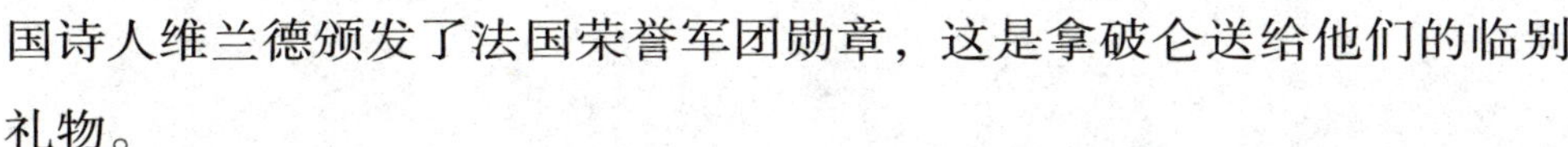

国诗人维兰德颁发了法国荣誉军团勋章，这是拿破仑送给他们的临别礼物。

拿破仑如此看重歌德，让歌德有些吃惊。当然，歌德心里明白，坐在拿破仑对面的歌德，是文学家歌德，而不仅仅是魏玛公国的有职无权的大臣。

拿破仑走后，歌德对占领军及占领军统帅的态度遭到了舆论界的指责，人们谴责他在关键时刻既没有拿起武器，也没有发挥一个知名诗人呐喊的作用，而德国人民一直进行着反法斗争，并于 1831 年 10 月将拿破仑最终打败。

在反法斗争中，许多德国作家，如寇尔纳、莫里茨、艾辛多夫等都走上前线，参加战争。寇尔纳还血洒疆场，牺牲在前线。有人说，如果席勒活着，他也一定会参军的。但是，歌德却做了一个旁观者，他不仅自己不去参军，而且还命令自己的儿子不许进入战场。

歌德的这些行为受到了德国人的指责，他们说他缺乏“爱国心”和“民族感情”。那么，真的是这样吗？当然不是，只不过歌德对法国革命的态度是冷淡的，因为他反对暴力。

歌德之所以没有去参加反法战争，是因为他对拿破仑战争持有不同的看法。客观地说，拿破仑入侵德国，在破坏的同时，也给德国带来法国革命开明的思想和制度，对落后的德国起到一定的促进作用。歌德从德国人民的长远利益出发，认为即使解放战争取得了胜利，人民也仍会受封建统治的压迫，而拿破仑的战争反而能使人民摆脱封建压迫，得到较大的自由。

因此，歌德对反法的“解放战争”始终抱着冷漠旁观的态度。

写出传世精品

1807年，歌德的身体基本康复，创作的欲望再次渐渐高涨。这一年，在耶拿流行的14行诗，歌德也很热衷。

同年11月7日，歌德去了耶拿。他觉得只有在耶拿幽静的环境下，他才能安安静静地创作。

尽管歌德在弗劳恩普兰的住宅里有30个房间，但自从他与克里斯蒂安娜同居5年后，她的妹妹和姑妈都搬来了这里，到后来，克里斯蒂安娜的哥哥也来住了很长时间。

这样一来，客人们喧宾夺主，竟把歌德挤到后院的一个小房间里去了。不过，宽容的歌德从来没有和妻子的家人闹得不愉快，只是他和他们没有多少共同语言。

席勒在世时，歌德经常去耶拿居住，在那里，他住在两座宫殿式的住宅里。但是冬天屋子空荡荡的，很难烧暖和。他便租住民房，甚至住进旅馆。一年之中有4个月，甚至半年的时间他都在耶拿度过。有时候，他还让克里斯蒂安娜和孩子来耶拿团聚共度周末。

席勒迁居魏玛后，歌德去耶拿也少了，随着席勒的去世，耶拿战争的爆发，歌德更是很久没有去耶拿了。

这个时候的耶拿正值寒冬，歌德只带了一个仆人住在自己的房子里，感到很冷清。在耶拿的出版商弗罗曼听说后，便立即邀请歌德到自己家里居住。

当晚，歌德坐着马车，来到弗罗曼的家里。

弗罗曼虽然是个出版商人，可是学识非常渊博，而且志趣高雅，为人善良。他有一个养女，名叫米娜·赫茨里普，以前歌德来访时，她还是一个穿白色童裙的小女孩，现在刚好是芳龄18岁，长成如花似玉的大姑娘了。她那又白又嫩的脸上，长着一对水汪汪的乌黑的大眼睛，薄薄的嘴唇，细巧的鼻子；她把乌黑的辫子盘到脑后，使面庞显得更加清秀、漂亮，就像刚绽开的花蕾一样纯洁和美丽。

弗罗曼让女儿为歌德弹奏一曲音乐。米娜就一边弹着钢琴，一边用动听的歌喉唱起歌来。

美妙的歌声把歌德带回到自己的青春时代，他忽然觉得，自己又拥有了青春的活力。

一曲结束，大家都热烈地给米娜鼓掌。

弗罗曼对歌德说："先生，您那么会写诗，您得写一首诗来赞美我们美丽的姑娘呢！"

米娜用清水一样的眼睛，看着歌德。她的眼睛，就像一面亮亮的镜子，映照出她童年时和歌德在一起游戏的欢乐时光。

歌德立即用当时流行的十四行诗来赞美米娜，这就是他著名的14行诗《成长》：

当你是可爱的小孩，
跟我一块跳向田野和牧场，
享受春光。
有这个女儿，我要像父亲一样，
殷勤照顾，建造幸福的住宅！
当你开始面对现实的世界，
你的乐趣转向家务的繁忙。
有这个姐妹！我就感到舒畅：
我们彼此会怎样互相信赖！
如今你无限制地美丽地成长；
我心里感到一种热烈的狂恋。

我去抱住她，减轻我的烦忧？
唉，不，你只能是我的女王：
你婷立在我面前，那样傲岸；
只要你投来一瞥，我便低头。

在年龄上，歌德可以当米娜的父亲，可歌德在诗中却逐步降低自己的身份，称米娜为姐妹、为女王。不难看出，此时的歌德再次爱上了这位年轻的姑娘，但这时他已经懂得怎样压制住自己的感情了，他感到自己是没人要的近60岁的老头了。

歌德和弗罗曼说完话后，默默地回到主人为他安排的卧室休息去了。

歌德在耶拿住了一个多月，米娜的形象始终萦绕在心头无法排去。一年后，他以米娜为原型，创作了戏剧《潘多拉的归来》。

潘多拉是希腊神话中的第一个女人。相传普罗米修斯盗天火给人类以后，宙斯图谋报复，一方面将普罗米修斯绑在悬崖上受酷刑；另一方面命火神赫菲斯托斯用黏土捏成美女潘多拉，送给普罗米修斯的兄弟厄庇米修斯做妻子。潘多拉出于好奇心，私自打开宙斯要她给厄庇米修斯的一只“百宝盒”，里面所装的疾病、疯狂、罪恶、嫉妒等祸患一齐飞出，只有希望留在盆底。从此人间有了各种灾祸和毒虫。

歌德写作的《潘多拉的归来》重新为这个故事作了一个结局，他将结局改成：普罗米修斯的儿子斐列罗斯和厄庇米修斯的女儿厄庇美莱亚在迷误和误解之后结合为眷属，潘多拉终于重新变成了人。

歌德的这个剧目问世后，他立即请宫廷剧院的演员们排演，虽然此时的他已经不是剧院的第一领导了，但对于他的作品，剧院工作者们仍然非常愿意配合演出。

不久以后，这部戏在魏玛宫廷剧院上演了，人们看完以后，都感叹地说：“潘多拉是个多么可爱的女人哟！”

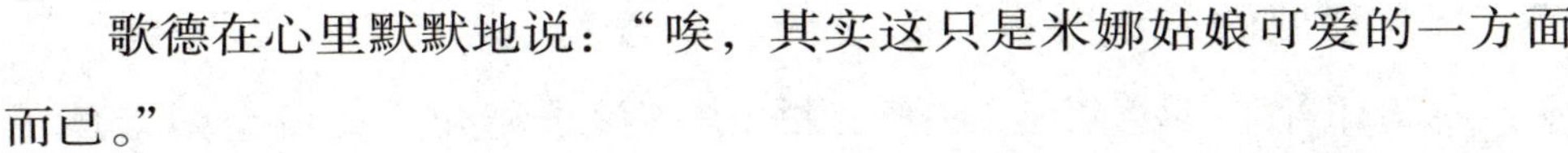

歌德在心里默默地说："唉，其实这只是米娜姑娘可爱的一方面而已。"

歌德对米娜念念不忘，他为了化解对她的思念，引用化学术语"亲和力"作为下一本长篇小说的书名，开始写新的小说。

亲和力是瑞典化学家托伯恩·伯格曼在1775年发表的论文中用的一个术语，歌德读到了海因·塔博尔1792年的译文。它的含义是：自然界的不同元素和物质之间有着不同强度的吸引力和聚合力。特别是酸性和碱性物质，AB化合物和CD化合物在一起发生化学反应，会生成新的化合物，变成AC和BD。这就是说，亲和力强的物质聚合在一起，亲和力弱的物质则分离开。

歌德出于自己的生活体验，借用自然科学术语来研究人类的男女情爱关系。他本来在1807年开始写小说《威廉·迈斯特》的第二部时，想把"亲和力"的故事作为小说的一部分。但他后来发现仅仅用一部分来写这个化学术语是远远不够的，于是他在1809年，又写了一部长篇小说《亲和力》。

这部小说的内容大致是：爱德华和夏绿蒂在青年时代就相爱，后来受资产阶级社会财势力量的支配，各自与一位年长而富有的对象结婚。直至年长的一方双双死去他们才缺月重圆，过着幸福而平静的生活。

不过当爱德华和夏绿蒂分别把朋友上尉和侄女奥蒂莉接来同住时，他们由友善维系的关系便出现了裂缝：爱德华爱上了奥蒂莉，夏绿蒂也被上尉吸引。

夏绿蒂的深思熟虑和现实感使她有力量压制自己的愿望，她坚持自己做妻子的义务，反对离婚；上尉也能以理智约束感情战胜内心的爱情，毅然离开朋友的家。但爱德华和奥蒂莉却沉溺于爱河中不能自拔，破坏了婚姻的神圣。

最后爱德华投身到战争中去，英勇作战，胜利归来。爱德华回家后，怀着强烈的愿望要求解除婚约。奥蒂莉是个天真无邪的纯情少女，一天不小心无意将夏绿蒂和爱德华的孩子淹死，使得企图借孩子挽救婚姻的夏绿蒂心灰意冷，同意离婚。

奥蒂莉深感内疚，不愿嫁给爱德华，终日抑郁，不吃不喝，最后命赴黄泉。爱德华陷入绝望之中，也跟着离开人世。两人被合葬在村子的小教堂里，并肩长眠。而夏绿蒂和上尉也一直没有再婚。

在这部描写个人关系而实际上超越个人关系的小说中，化学上的亲和力成为古希腊悲剧中的“命运”一类的超自然力量的象征，但在具体的思想、观念、结构上，又开启了19世纪批判现实主义的先声。它与《少年维特之烦恼》《威廉·迈斯特》不同，它们仍属18世纪的小说，《亲和力》的精神则已进入19世纪。

其实，在歌德生活的年代里本来就存在离婚再嫁或再娶的现象，而偷情野合的现象古今中外也都有，是全世界司空见惯的事。歌德以其诗人的敏锐感觉，把它作为一个问题来探讨，给人以新颖之感。

他的这部小说向人们表明：男女之间的爱情关系如同化学元素一样，“亲和力”会因为吸引力的变化而变化，似乎这是一种自然规律。但小说的结局表明，这种破坏了传统习俗的亲和力只会给人带来不幸，似乎只有死亡才能解脱这种关系。

有人认为《亲和力》是德国第一部心理小说。并认为小说中的人物都是歌德生活中的原型。奥蒂莉很像米娜，那么美丽、善良。夏绿蒂则似乎同施泰因夫人很像，至于爱德华和上尉则是歌德本人。

歌德写的这本心理小说立意新颖，影响深远。由于《亲和力》涉及爱情和伦理，它的问世像当时25年前的《少年维特之烦恼》一书一样引起了轰动。

晚年的收获

一个人在青春期所企望的在老年便得到收获。

——歌德

撰写成长的轨迹

1810 年，歌德 62 岁了，他的生活正式步入了老年阶段。

此时的歌德似乎已经功德圆满，因为从 1806 年起，他的《歌德著作集》陆续得到了出版，至 1808 年为止，已经出版了 12 卷。

他开始思考人到老年应该怎样生活？应该追求什么？

歌德想到了三个方面的问题：第一是过清闲、安乐的享受生活；第二是积极参加社交活动，使自己得到更多的荣耀；第三是不追求生活享受，不追求虚荣，杜绝礼节性的交往，埋头干一番事业。

歌德选择了最后一种，他想要在自己晚年的时候凭借自己全部的生活经验写出更优秀的作品。

既然准备干一番事业，首先就要有明确的奋斗目标，他将写完《浮士德》以及长篇小说《维廉·迈斯特的漫游年代》作为自己晚年的"主要事业"。另外，他还打算继续研究自然科学。

歌德懂得要完成这样艰巨的任务，要有毅力，要有时间，要有计划。歌德说："向着某一天终于要达到的那个终极目标迈步还不够，还要把每一步骤看作目标，使它作为步骤而起作用。"

没有步骤，没有计划，没有要求，就会无意地拖延时间。歌德强调珍惜时间。要完成巨大的任务，需要时间。尤其是年老体衰，工作效率低，就更需要时间。他说："最值得高度珍惜的莫过于每一天的价值。"因此，他每天晚上都要检视自己今天干了什么，明天又打算干什么。

正是在这个时候，德国的文学家和艺术家们掀起了写自传的浪潮，歌德的好友画家哈克特也写出了一本传记送给了他。

接着，歌德收到了很多读者的来信，他们在信中大都请求歌德谈一谈他创作诗歌的情况，如写作素材、创作心境、受前人什么影响，以及信奉什么样的理论原则等。

歌德接到这些信后，一一进行了回复，他在日记里写道："这种诚恳、真挚地表达出来的请求，我立即顺从地答应了。"

歌德又要开始写作了，这次，为了满足读者的要求，他计划写一本关于自己创作的书。他想，如果将这部著作写成纯粹谈创作经验的作品，那无非是给自己的作品作注解，把问题简单化了。还不如将它写成自传性的东西，让读者对自己的整个生活经历有所了解，从而使读者知道他的诗歌创作都是来自生活的真实经验和他亲身体验所激发起来的感情。

1811 年年初，歌德开始动笔写《真与诗》，为了读起来顺口，他又将书名更改为《诗与真》。

在这本书的自序里，歌德首先杜撰了一位朋友的来信，在信中，"这位朋友"表示通读了歌德的所有诗作，希望对歌德有一个更清楚的了解：

"那么，我们请求您的第一桩事就是请您把您的新版的、照着内部关系编排的作品按照年代的顺序作个说明，即谈谈提供它们的素材的生活情况和心境，也谈谈影响您的前人的榜样，以至您所信奉的理论原则，以使我们了解它们相互间的关系。如果您不辞烦劳，为您所亲爱的少数人作这样的说明，其结果也许会使得多数人感到兴趣和受益。"

于是，歌德决定顺从"这位朋友"的愿望："我因此马上开始了眼下这件工作，把全集 12 卷所收的大小作品挑选出来，按着年月的顺序重新排列。我极力回忆我撰写它们的时日和景况。"

歌德的这部《诗与真》共分 4 部，前 3 卷于 1814 年前写成，在这部书里，他从幼小到 26 岁时的生平事迹按年代顺序写出。书中，除了着重谈他如何接受别人的文学影响和自己的创作经验外，还涉及了歌德生活的各个方面。其中有儿时调皮的故事、学习的乐趣、家庭生活的和美、朋友的交往、人生哲理的探讨、旅行的游记和恋爱等。在写作手法上也是有很多变化的。有时议论，有时叙述，有时抒情，有时描写，文笔变化多趣。

歌德所以把这部自传性的作品取名为《诗与真》，就是想明确地告诉读者，他的全部诗歌创作，都是来自真实的生活经验。但遗憾的是，这部自传只叙述到歌德 26 岁，即到魏玛之前。不过，26 岁以前的歌德，正是世人所不了解的，因为在此以后，他始终处在大庭广众之中，为世人所瞩目。

通过《诗与真》，可以看到一代天才的成长轨迹、心路历程。诚如歌德自己所说："一个人最有意义的时期就是他的发展时期。"

歌德为后人留下了一份宝贵的有关他自己的发展时期最为可信、最为珍贵的研究资料，这是这本自传的最大特色。自传都力求真实，不能文过饰非，他说："无论在宗教方面、科学方面，还是在政治方面，我都力求不撒谎，并鼓足勇气把心里所感受到的一切都如实地说出来。"

歌德在本书中表现出来的深刻的自我解剖精神，可以和卢梭的《忏悔录》相媲美。

出版《西东诗集》

1814年7月的一天，很久没有旅行的歌德又一次产生了旅行的愿望，这次，他想去自己熟悉的美茵河和莱茵河。

几天后，歌德坐上了颠簸的马车，离开了魏玛。

马车顺道进入歌德的故乡法兰克福，他已经很多年没有回到这里了，歌德远远地望着他家的三层楼的房子，心中充满着落寞与伤感。他的父母以及心爱的妹妹都早已经离开了人世，现在居住在那里的，都是些陌生的面孔了。

歌德不想触景生情，他赶紧叫车夫快点离开。

8月16日，歌德在宾根城赶上过圣·洛胡斯节。圣·洛胡斯是德国民间传说中的保护人们免于鼠疫的圣徒。人们为了祈求他的保佑，年年祭祀他。

这一天，宾根城载歌载舞，节日的热烈气氛感染了歌德，让他仿佛又回到了年轻的时代，回到了斯特拉斯堡附近的塞森海姆镇，想起那里住着的美丽的小莉克和那群可爱的年轻人。

离开宾根城，歌德又去奥芬巴赫附近探望了老朋友、银行家、市参议员维勒默尔。

维勒默尔是普鲁士政府的金融代理人，即商业顾问。他对文学有广泛的兴趣，还自己写剧本。他两度丧偶，最后一次他迎娶了比自己小很多的姑娘玛丽安娜·冯·威利美尔。

玛丽安娜本是一个小演员，和她的母亲一起过着流浪的生活。14岁时为维勒默尔收养，接受了良好的教育。她能歌善舞，活泼聪明，也一天比一天漂亮。当她长大成人的时候，嫁给了自己的养父。

现在的玛丽安娜 30 岁，温柔、多情、善解人意，而且性感，重要的是她还很有才华，能弹奏很优美的钢琴曲，歌喉也像夜莺一样动听。更让歌德惊讶的是，她能像歌德一样写出优美动人的诗句。

歌德不禁由衷地欣赏她的才华，他对玛丽安娜感慨地说：“你真是太了不起了，才华和美丽居然同时集中在你的身上。”

尽管歌德很喜欢玛丽安娜，但刚刚出版过《亲和力》的他深知，情欲能带来欢乐，也能带来痛苦。歌德不想陷入其中，便继续他的旅程。

歌德来到莱茵河畔的美丽城市海德尔堡，年轻的天主教徒苏尔皮茨·布瓦斯莱和麦尔歇尔·布瓦斯莱兄弟盛情接待了他。

他们都是歌德的崇拜者，对于这位名人的到来，兄弟俩拿出精心准备的礼物，让歌德大开眼界。

那是这兄弟俩人 10 多年来处心积虑收集到的莱茵河地区的教堂中德国中世纪的木版画。虽然歌德对古代艺术品并无特别的爱好，而且古代艺术所体现的审美意向也和歌德很不一致，但歌德的心灵还是被震撼了。特别是当他看到罗古尔·万·魏顿的《三圣神龛图》时，他不由得发出了由衷的感叹。

歌德激动地对布瓦斯莱兄弟说：“这幅画展现的是一个完全新奇的我从没有见过的色彩和形象的世界，它使我偏离了我的旧观念。哦，这是一个崭新的、青春永驻的世界啊！”

从 9 月 24 日至 10 月 8 日，歌德一直待在海德尔堡，在他回程的时候，他又一次来到了维勒默尔的家里。

10 月 18 日，玛丽安娜在丈夫鼓吹下穿着德国古装，宾主共庆莱比锡大战胜利一周年。附近山谷到处燃起了节日的篝火，她陪歌德去观看。这位少妇给歌德留下了很深的印象。

歌德回到魏玛后，便着手研究东方文学。因为此时歌德崇拜的天才人物拿破仑已先后被流放到厄尔巴岛和圣赫勒拿岛。歌德对时局感

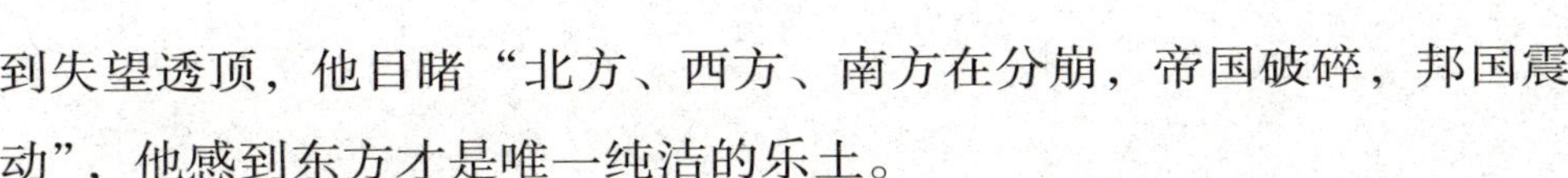

到失望透顶，他目睹“北方、西方、南方在分崩，帝国破碎，邦国震动”，他感到东方才是唯一纯洁的乐土。

歌德找到哈默尔翻译的波斯诗人哈菲兹的诗集。哈菲兹歌颂美酒和爱情的诗很合他的口味，引起了他感情上的共鸣。

在哈菲兹诗集的引导之下，歌德决心也创作一大组以自然与爱情为主题的抒情诗，并把组诗冠名为“底瓦恩”，即波斯语“诗集”之意。歌德把不期而遇的走进自己生活的玛丽安娜写成为一位波斯美女，诗中的名字叫苏莱卡，而歌德自己在诗中的波斯名字叫哈台木，这本诗集正式命名为《西方诗和东方诗诗集》，又称《西东诗集》，是歌德晚年最重要的作品之一。

《西东诗集》并不单纯是一部爱情诗集，它由一卷又一卷、一首又一首的套诗、组诗组成，既单纯又深刻复杂，在对个别事物的表现中，又因其纳入了一个更大的系统而成为一个具有广泛联系的整体。

全书共计 12 卷，主题包括东西方的宗教、诗人的责任和自然知识、人类的愚智、对生灭之物的洞见以及世俗的快乐等，歌德成熟的世界观在这组诗中充分显现出来。

歌德并没有到过东方，但在诗歌中却在东方尽情徜徉。他试图打通东方和西方文学艺术、哲学、宗教等方面的界限，使其融洽地融合在一起。这部诗集显示出歌德大胆的求索精神和海纳百川的博大气概。

《西东诗集》的问世再一次向世人宣告，歌德是那个时代最为出色的抒情诗人。

发表爱情绝唱

1815年10月中旬，歌德结束了带给他创作之源的莱茵之旅，回到了魏玛的家里。妻子和儿子都热情地欢迎他。

遗憾的是，这一年的克里斯蒂安娜不幸患病，并在第二年病逝。

为了填补妻子去世后的空虚，歌德除了投身于《浮士德》第二部的创作外，还开始给儿子奥古斯特挑选对象。

此时小奥古斯特已近30岁，是魏玛公国的法庭总顾问。当年歌德的父亲多么想让自己的儿子成为一名优秀的执法人员，却不想这个愿望最后在孙子这一代身上实现。

小奥古斯特继承了年轻时候歌德的帅气形象，是个漂亮的美男子，他本来不愿意这么早就娶妻生子的，但在父亲的坚持下，他又不得不妥协。

歌德为儿子找到的对象是奥蒂丽·冯·波格维施。她出生在北德一个破落的贵族之家。奥蒂丽很快答应了这门婚事，而奥古斯特屈于父亲的意志也只好同意。于是两人在克里斯蒂安娜去世一周年以后便结婚了。

但是，他们双方感情不和，常有吵闹的事情发生。后来，奥蒂丽的母亲和妹妹也都住进了歌德的弗劳恩普兰府。反正这对歌德来说不是第一次，他只好又常常到耶拿去，住进那里的宫殿式住宅。

就在这时候，歌德的家里来了一位意想不到的贵宾。这就是他青年时代的女朋友，韦茨拉尔的绿蒂·布弗。44年前歌德逃走后，她同未婚夫克斯特纳结婚了，跟他生了12个孩子。克斯特纳早已在1800年病故。这位孀妇来到魏玛，表面上是要看望她的小妹一家，实际上是利用同歌德的老关系，为她妹夫升官来求助的。

他们已经有 44 年没有见面。其间只是偶尔通信。相见之下，已经显得陌生和疏远。歌德 67 岁，身体已经发福，走路显得动作迟缓，不大灵活。他的面貌与当年在韦茨拉尔相去甚远。绿蒂 63 岁，头不断地颤抖，生活已给脸上留下了不少皱纹。午宴后，歌德让她看了以前她丈夫送给他的她一家的剪影，并邀请她去看戏。但不管怎样回忆往事，他们的青春已逝，双方都已经没有昔日的激情了。

1818 年 4 月，歌德的长孙瓦尔特尔出生了，几年后，第二个孙子沃尔夫冈和小孙女阿尔玛也相继来到人间。在孩子们面前，歌德是慈祥的。他写作的时候，孩子在他身边快乐地玩耍。他有时也参加孩子的游戏，70 多岁的歌德童心未泯。

让人没有想到的是，此时的歌德仍然是个多情的种子，他以 70 岁的高龄又一次地陷入情网之中。

由于身体关系，从 1785 年至 1823 年，歌德几乎每年都到波西米亚度假，据统计，他在这阶段共度假 1111 天。以前他多半在卡尔斯巴德浴场。1821 年夏天，他想起了 15 年前在卡尔斯巴德浴场认识过一个叫冯·列维采夫夫人。她当时同丈夫离婚，独自带着 3 个孩子生活。以后她嫁了人，但丈夫又死了。这时她有了一个男友，是奥地利的一个伯爵，因为宗教信仰不同，不能结婚。伯爵给她在马里恩巴德建了一幢别墅，可以出租。于是歌德就驱车去那里，住在这位太太家里。

乌尔莉克是列维采夫夫人的长女，只有 17 岁，她有一双淡蓝色的眼睛，褐色鬈发，看上去有点像歌德已故的妻子或远方的女友玛丽安娜，但远远不如她们漂亮。论姿色，乌尔莉克是歌德众多的女友中最不漂亮的。但她在这位 70 多岁的老人面前，却有着少女青春的魅力。

乌尔莉克对这位世界知名的大文豪一无所知，她没有读过他的书，也读不懂他的书。歌德把刚写好的小说《威廉·迈斯特的漫游年代》给她读，像老爷爷给孙女讲故事一样。

同乌尔莉克在一起，老年的歌德受到青春力量的感染，觉得自己也变得年轻了。这年8月21日，他给儿子写信说："我在这里很好，绝不像奥蒂丽所想象的那样单调。"

乌尔莉克陪歌德玩了一个夏天，给了这个孤独的老头不少安慰。

第二年6月29日，歌德再去那里度假时，就爱上了这个年轻的姑娘。她把歌德当作父亲一样对待。歌德在给她的信里也说，"爱您的父亲也会永远记住自己美丽而忠实的女儿"。

1823年2月，歌德患了心包炎。发烧，打寒战，眼睛疼痛，病情险恶。他感到不久于人世，朋友们都在为他担忧。两个医生都认为他没有希望了。他对医生说："你们把全部本事拿出来，也仍然救不了我的命！死神包围了我，我要死了。"

但是在他身上再一次出现了奇迹，他又一次从死神手里夺回了自己的生命。

6月中旬，他再一次到马里恩巴德休养。这一次他住在列维采夫夫人家对面的"金葡萄"旅社卡尔·奥古斯特公爵住过的房间。乌尔莉克和母亲及妹妹来了，歌德每天都和她们待在一起，他的身体渐渐得到康复。

7月，卡尔·奥古斯特公爵也抵达马里恩巴德，歌德决定请公爵代他向乌尔莉克求婚。

公爵起初以为歌德是在开玩笑。但歌德表示这是当真的时候，公爵就热心充当媒人了。可是求婚

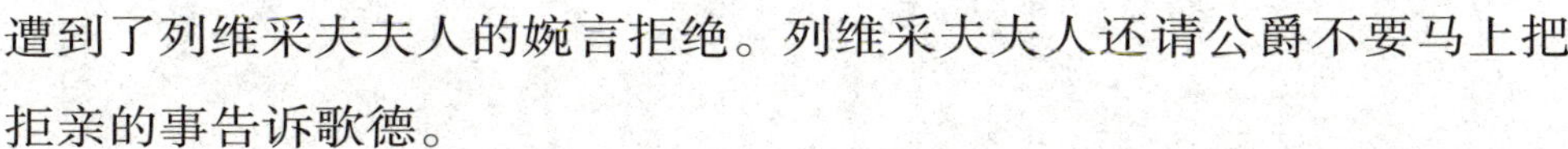

遭到了列维采夫夫人的婉言拒绝。列维采夫夫人还请公爵不要马上把拒亲的事告诉歌德。

得不到回音的歌德伤心地起程回魏玛了。在颠簸的马车上，他充满激情和哀怨，痛苦地写出了他晚年最著名的《马里恩巴德哀歌》，连同《致维特》和《抚慰》合称《爱欲三部曲》。

歌德的这首《马里恩巴德哀歌》与《罗马哀歌》不同，《罗马哀歌》有着欢快明朗的基调，而这首《马里恩巴德哀歌》却是在真正诉苦。歌德将这些诗完成后并没有立即发表，而是藏了起来，因为他的儿子和儿媳听说他向一个17岁少女求婚的事后非常不理解。

他们和歌德大吵了一架，歌德再次病倒了。

幸好，波兰女钢琴家玛丽亚·施马诺夫斯卡妮同她妹妹来歌德家做客，给歌德带来了新的快乐。

玛丽亚很早就听说了歌德的名字，她非常喜欢阅读歌德的作品。歌德的许多首短诗都曾被贝多芬、莫扎特等人谱成曲子，在世界上流传很广。

玛丽亚来到歌德家，看见病中的歌德吓了一跳，她好心地对歌德说："先生，您看上去精神很不好，也许我不该来打搅您。"

歌德虚弱地微笑着说："没有，玛丽亚小姐，您的到来使我觉得好多了。我知道您是位钢琴家，请您为我弹奏一首钢琴曲，好吗？"

玛丽亚坐到钢琴前，非常专心地为歌德弹奏起来。悠扬的琴声像清澈的溪流从歌德心头流过，歌德悲伤的心灵慢慢地平静下来。从这天以后，玛丽亚经常到歌德家里，给他弹贝多芬等人的钢琴曲，并演唱歌德的诗歌给老人听。

与此同时，歌德的老朋友采尔特也从远处赶来照顾他，歌德终于从悲伤的世界里走了出来。

再创文学精品

1823年6月10日，一个非常腼腆的年轻人诚惶诚恐在跨进了歌德的客厅。

这天上午，歌德正躺在病床上构思一首诗歌，当仆人向他通报有客人到来时，他才缓慢地起身来到客厅。

见到歌德，年轻人激动地站起来向主人问好："您好，歌德先生。我很仰慕您的才华，今天能见到您，真是太高兴了。"

歌德一边点头一边示意对方入座，并挨在年轻人对面坐了下来。

年轻人将自己的名片递给歌德，歌德看后问道："哦，你是爱克曼先生，你是个旅游家吗?"

爱克曼先生回答："嗯，是的，我去过许多地方呢!"

歌德微笑着点点头："太好了，我已经很久没有去旅游了，你看，我现在身体总是不好，你可以给我讲一讲你到过的地方吗?"

爱克曼没有想到这个伟大的名人为人这么随和，他紧张的心渐渐放松下来，他给歌德讲了很多旅行的见闻。

歌德觉得有趣极了，当爱克曼想要告辞的时候，歌德热切地邀请他在下午继续来家玩。

爱克曼真是太高兴了，他下午来的时候给歌德带来了一些很罕见的岩石。歌德高兴得像个孩子似的，他最喜欢研究这些奇怪的石头了，他开心地对爱克曼说这是他最近收到的最好礼物。

爱克曼很快就与歌德老人建立了稳固的友谊，但因为歌德的病情时好时坏，他需要得到更进一步的休养，于是，他要求爱克曼留在魏玛长住下来，等自己病情稳定后充当自己的助手，帮助他编辑自己早年发表的一些著作。

这对爱克曼来说真是天大的恩赐了，他喜出望外，一口答应。这年10月，当歌德的身体完全康复后，爱克曼正式成为了歌德的文艺学徒，同时也担任起了歌德的私人秘书。从这一天起，爱克曼几乎天天都到歌德家去请教，帮歌德处理一些日常事务。

有一天，爱克曼对歌德说："我真希望自己能够像您一样，写几部著名的作品留给后人。"

歌德很严肃地回答他说："这当然是很好的愿望。可你千万要记住，不管你将来想要写什么，你一定要从自己的生活中取材。你只有用自己经历过的真情实感才能写出伟大的东西。"

歌德的话让爱克曼受益匪浅，从这以后，他每逢听到歌德的谈话，就用心地记录下来。他在歌德的身边一共待了近9年，歌德去世后，他根据记录的笔记整理成了《歌德谈话录》一书。

后来，爱克曼的这本书使他成了全世界闻名的作家，虽然他写的诗和论文也很不错，但这些东西并没有受到人们的重视。

《歌德谈话录》忠实地记录了歌德晚年有关文艺、美学、哲学、自然科学、政治、宗教以及一般文化的言论和活动，是歌德一生创作实践得到的宝贵经验，体现了歌德晚年最为成熟的思想，因此，在某种程度上说，这部作品也是一本别具一格的歌德传记。

由于爱克曼的出现，歌德的创作也向前迈进了一大步。

在爱克曼为歌德整理著作时，他发现《浮士德》只有第一部，虽然只是第一部，但写得却是非常震撼人心。他读了一遍又一遍，感觉爱不释手。爱克曼觉得，这样好的一部书，如果没有续集，真是太可惜了。他把自己的想法告诉歌德："先生，这么好的作品却没有结尾，这实在是太遗憾了。"

歌德对爱克曼说："我少年时在法兰克福，听说了民间关于浮士德博士的传说。觉得它是一个很好的题材，在我读大学的时候，我就开始写了一部分片段。但是，这个故事太庞大了，我一直没有信心完成它，直到我遇到席勒后，他看到这些片段，才请求我把它写完。可我总是很忙，于是席勒就总是给我鼓励，给我建议。可是，当我鼓起勇气写完第一部分之后，席勒却永远地离开我了。”说着，歌德伤心地流下泪来。

爱克曼也替歌德难过，他安慰歌德：“这样的话，先生就更应该完成后面的故事了。如果您能把整个故事写完，岂不是对席勒先生最大的安慰吗？我想，席勒先生也非常希望您能完成它。”

歌德好像又回到了20年前，席勒催促他的情景，他幽默地对爱克曼说：“你是接替席勒来监督我的吧！好的，我从明天起就动笔。”

歌德说到做到，他第二天真的就坐到了自己的书房写了起来，从这一天起，他每天早晨的工作就多了一项特定的内容：构思浮士德，再简单地列一份草稿。

这一年是1825年，他的《浮士德》第二部一共写了近8年的时间，到1831年7月22日这一天，他终于把这一部宏伟的不朽著作画上了最后一个句号。

在这一天，歌德兴奋地在日记里写道：“主要工作已经完成。最后的收尾，所有抄清了的稿件被装订成册。”至此，歌德一生最为辉煌的业绩完成。

歌德笔下的浮士德是16世纪德国传说中的一位著名人物，名叫约翰·乔治·浮士德。他不到30岁时，就已经是一个远近闻名的天文学家，还是一个人人皆知的庸医，他喜欢说大话，所以故事特别多，并且广为流传，并深受各界读者欢迎。1587年，他出版了故事书《约翰·浮士德博士的故事》。其实他不是什么博士，而是一个魔术师和骗子。这本书里添油加醋，写进了他与魔鬼订盟24年的传说，在订盟17年时，浮士德惨死于魔鬼之手。

歌德的《浮士德》用多种诗体写成，共12111行诗，这部诗剧的

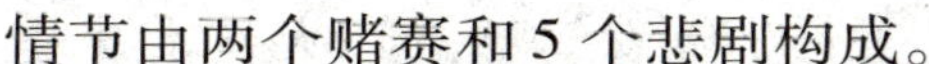
情节由两个赌赛和5个悲剧构成。

其中，第一部故事从“天上序幕”开始。这个序幕可说是全剧的一个总纲。上帝与魔鬼打赌，代表善恶相斗。魔鬼认为浮士德永不满足，他定能把浮士德引上魔路。上帝认为，“人在努力时，总不免误入歧途”，但是确信“一个善人即使在黑暗的冲动中，也一定会意识到坦坦正途”，断言魔鬼一定会服输。第二个赌赛是浮士德与魔鬼订的。他们订约：如果浮士德感到满足，他就输了，死后灵魂为魔鬼所有。

于是，追求知识而感到悲哀的浮士德，在魔鬼墨菲斯托导引下，走出书斋，到外面尽情地享受人生。墨菲斯托充当他的仆人，供他驱使。一方面引诱他沉沦，追求情欲，他同少女格丽琴生了一个孩子，然后魔鬼又使浮士德失去了恋人和孩子，来到一个宫廷。

《浮士德》第二部分5幕25场。浮士德朝见国王。这个国家正在发生经济危机。浮士德在墨菲斯托帮助下，为国王发行纸币，从而使国王摆脱了财政困难。接着，浮士德答应国王的请求，借助魔法，召来了绝世美女海伦的亡魂，国王为她的美艳所倾倒。但是海伦终于化成一股烟雾消失了，这意味着浮士德追求美的理想破灭了。

墨菲斯托又帮助浮士德与海伦结合，生了一个儿子欧福良。欧福良学飞，结果坠崖摔死。海伦悲痛万分，抱吻浮士德后消失了。她留下一件白色衣裳，幻化为一朵云彩，托着浮士德腾空飞去。

浮士德降落在山顶上，俯视着无际的大海，一个庞大的计划又涌上心头：移山填海，造福人类。

正在这时，浮士德帮助自己服务过的一个封建国王平定了内乱，国王赏赐给他一块海滨土地。于是浮士德想要开拓海疆。但是浮士德这时已经是百岁老人，忧虑吹瞎了他的眼睛。他只能听到人民劳动的声音，想象沧海如何变成了桑田，他已经看不见了。这意味着浮士德得到了满足，根据他同魔鬼打的赌，他输了，倒地而死。

《浮士德》是一部充满矛盾辩证统一、充满幻想的伟大作品，也是一部充满浪漫主义气息、稀奇古怪的作品。里面不仅有上帝和魔鬼，还有各路神仙和精灵以及各种神话人物和怪物。它概括了人类3000年的历史，被归纳为知识悲剧、爱情悲剧、政治悲剧、美的悲剧和事业悲剧5个悲剧。最后浮士德表面上输了，但是由于他自强不息地奋斗了一生，百岁之时死去，其灵魂被天使救上天堂。

在歌德之前，英国的剧作家马娄、德国的莱辛和克林格尔都写过浮士德，不过歌德笔下的浮士德则显得更加真实。

因为，歌德的《浮士德》中的人物有很多是自己的生活原型。他14岁时初恋的女友就叫玛格丽特，爱称是格丽琴。他的老朋友默尔克的外号就是墨菲斯托。同时，在赫尔德尔身上也可以见到浮士德的影子。而浮士德帮助国王的经历也是歌德自己在魏玛宫廷生活的再现。另外，故事中的欧福良，则表明了英国革命浪漫主义在德国没有存在的现实土壤，只能在天上飞，掉下来就会摔死。

《浮士德》第二部，主要是靠歌德利用身边的人和事自己扩展、发挥想象的剧情，它的真实感照顾了西方人的宗教信仰和风俗习惯。

歌德写好此作品后，就命令爱克曼将手稿封存了起来，他决定，这部书只能等到他死后才能出版。

1833年，《浮士德》第二部作为歌德的遗著终于传到了读者们的手中，大家争先恐后地阅读着，很快就风靡欧洲，遍布全世界，成为世界最优秀文化中的一部分，和《荷马史诗》、但丁的《神曲》、莎士比亚的《哈姆莱特》并称为欧洲文学的四大名著。

荣获崇高的荣誉

1825年11月1日，是歌德到达魏玛50周年，也是他任职50周年的黄金纪念日，魏玛城为歌德一人举行了隆重的表彰大会。

在大会上，人们热烈地向歌德表示敬意，市长说："尊敬的歌德先生，您来到魏玛，把魏玛从一个平凡的城市变成享誉世界的城市，魏玛的人们永远感谢您。为了表示我们对您的崇高敬意，我们把魏玛城公民的身份证送给您的孙子，请您接受吧！"

歌德带着7岁的小孙子走上领奖台，他的心里真有说不出的感动，他让孙子向市长鞠躬致谢，并在领奖台激动地说："感谢大家对我的厚爱，如果没有大家的支持，我怎么能够获得成功呢？所以，我的荣誉也是属于大家的啊！"

歌德的话音刚落，会场上立即响起了激烈的掌声，人们小声地议论着："歌德先生真是一个谦虚的人呢！"

这天晚上，魏玛宫廷剧院的演员们上演歌德的《浮士德》第一部，请歌德一起观看。观众们看完戏后赞颂地说："这是迄今为止，德国文学史上最伟大的作品！"

在人们的赞叹声中，歌德想起有资格和他一起享受众人顶礼膜拜的好友席勒，他在心里说："没有席勒，我怎么会完成这部作品呢？可是，他再也看不见我的成果了啊！"

想起了席勒，歌德觉得自己的时日也已经不多了，他开始考虑自己的后事了，便托人找一处墓地，并找来席勒的遗骨，以便将来把自己的身体和席勒葬在一起。

席勒去世以后，他的遗体被安放在圣·耶拿教堂的地下室里，无人过问。1826 年，在魏玛市长的参与下，歌德亲自去耶拿教堂寻找席勒的骨骸。

谁知道地下室里的骨骸都没有明确标记，显得杂乱无章。究竟哪一具才是席勒的呢？这事使年迈的歌德非常愧疚，他忏悔自己对于亡友后事的疏忽，随即自告奋勇去辨认席勒的遗骨。

在狼藉的白骨堆中辨认 20 多年前的颅骨，这是连现代法医鉴定家也会感到棘手的事，何况歌德一无席勒的医学档案，二无起码的鉴定工具，他唯一借助的就是对友情的记忆。这真是对友情的最大考验了，天下能有多少人在朋友遗失了声音、遗失了眼神，甚至连肌肤也遗失了的情况下仍能认出朋友的遗骨呢？

歌德想到了唯一可行的办法：捧起颅骨长时间对视。他把 20 年前的那些和席勒深夜长谈的情景一一回忆在大脑中，一个一个骨头地想象。

最后，他终于捧定了一颗颅骨，小心翼翼地捧持着前后左右反复端详，最后点点头说：“回家吧，伟大的朋友，就像那年在我家寄住。”

9 月 17 日，席勒的颅骨被移到魏玛图书馆内席勒胸像的台座上暂放，几天后，歌德动情地把这副颅骨带回自己的家中保存了一段时期。

在这期间，歌德仿照意大利诗人但丁的三联韵体诗写了《席勒的遗骨》，再次表达了他对好友的无穷思念之情，他在这首诗里写道：

这是森严的骨室，我来观看，
一副一副的颅骨排得多整齐；
我想起往昔，如今已变得灰暗。
过去的冤家，如今贴紧在一起，
那些曾拼命交锋过的硬骨头，

交叉地放着，在此温驯地休憩。
扭开的肩骨！曾载过何人的头，
已无人过问，灵活的四肢残骸，
手和足都已拆下生命的榫头。
疲于奔命者，你们徒然躺下来，
并不让你们在墓中安身，
你们又被赶回到光天化日中来。
枯干的骨壳，哪还有爱护的人，
即使它曾容纳过高贵的核心。

1827 年 12 月 16 日，歌德亲自主持了席勒的敛尸重葬仪式。

这天，年近八旬的歌德双手颤抖地捧起席勒的遗骨，老泪纵横，20 多年前两人并肩战斗，在文坛共同创作、相互勉励的情景似乎就在眼前。

席勒的墓地和墓穴是歌德亲自设计的，位于魏玛王陵公园旁边的白色大理石圆柱的陵墓，在席勒的墓穴旁，留着一方空地。

歌德深情地向人们宣布：“席勒是我最好的朋友。我希望在我死后，你们能把我和他安葬在一起。这是我最大的心愿。”

孜孜不倦地学习

1827年5月，年近80岁的歌德搬到伊尔姆河畔的那个花园房子住。这时正是美丽的春天，他不由自主地想起了自己的《五月之歌》。他呕心沥血、创作多年的小说《威廉·迈斯特的漫游年代》《意大利旅行》已经快要写完，他感到一身轻松。

面对这大好的春光，歌德的内心又萌生出了想要作诗的冲动。

这天，歌德偶然读到流行于中国广东一带的木鱼词唱本《花笺记》的英译本。《花笺记》叙述的是才子佳人有情人终成眷属的故事，算不上出色，但它吸引歌德对中国文化产生了浓厚的兴趣。

歌德去图书馆借来许多中国的书籍。有英、法文译本的《好逑传》《玉娇梨》《赵氏孤儿》等。歌德认真地读完以后，产生了这样的想法：

“如果把《好逑传》里面优美的故事用德文写成类似《赫尔曼与窦绿苔》这样的长诗，把《赵氏孤儿》改写成德国戏剧，就叫《埃平诺》，不是很好吗？”

歌德马上付诸行动，并很快将这些故事的片段上演于魏玛宫廷剧院。

这时候，他已经深深地迷上了中国文学。有一天，他兴奋地告诉爱克曼：“我读了很多英译本的中国书，真是受益不浅！中国人的一切都比我们更明朗、更纯洁，也更合乎道德。他们比我们宽容，容易理解别人。在那里，人和自然总是生活在一起的，你可以听到金鱼在池子里跳跃，鸟儿在枝头唱歌。白天总是阳光灿烂，夜晚也总是月白风清。有许多典故都涉及道德和礼仪。正是这些节制，才使中国维持

几千年之久，并且能长存下去。”

正是在这次谈话中，歌德预言了世界文学时代的到来，他第一次提出“世界文学”的概念，比马克思、恩格斯在《共产党宣言》中提出这个名词早了整整20年。

为了迎接世界文学时代的早点到来，歌德和世界各国文学家们的交往也越加频繁，他更广泛地研究其他民族的优秀文学作品，吸收别人的长处来不断地丰富自己。

这一年的5月15日，歌德按照中国诗的意境，成功地运用了中国文学的主题和托物抒情的艺术手段，陆续写出了14首《中国四季诗》。

同年10月24日，他给好友采尔特写信说：“小诗若干，汇成一集，冠以标题《中国四季》。本来还能加几首，也应该再加一点的。”

歌德的这组诗发表于1830年，发表时标题改成了《中德四季晨昏杂咏》。他在标题加上“中德”两字，说明他意识到自己对中国的了解还停留在书本上，甚为肤浅。诗中的中国色彩并不浓厚。他学习中国的律词和绝句体还不到家。

这组诗本来题为《中国四季》，但是从内容来看，诗人只描写了三季景色。其中，第一首勾画出了中国士大夫的形象：厌倦公务，好游山玩水，舞文弄墨，常饮酒赋诗。曾供职魏玛宫廷多年的歌德，对这种悠闲的士大夫生活不无羡慕之情。

第八首写夜景，是14首诗中写得最好、中国诗味最浓的一首。从夜幕垂空，金星出现，夜雾缥缈到柳丝戏水，这一连串的动态描写，简直像中国诗人之作。

拉上生命的大幕

1831年，在完成《浮士德》第二部后的8月28日，是歌德的82岁生日。

为躲避人们对自己生日的盛大庆祝，他在这一天带着两个孙儿瓦尔特尔和沃尔夫冈及仆人，到伊尔梅瑙去了。

这是歌德最后一次离开魏玛。到了那里，他把仆人和孙儿们安排在林区看烧炭工人、樵夫和吹玻璃工人如何干活，自己便由山区视察员约翰·克里斯蒂安·马尔陪同，吃力地向基克尔汉山顶峰登去。

他第一次来这里是1780年，他在山上小木屋板壁上题写的那首小诗《漫游者的夜歌》还在，他在那里站了几分钟，当念到“稍待，你也安息”一句时，老泪纵横。

此时，他的好友和亲人一个一个都离他而去，先是最尊敬他的公爵去世，再就是他的儿子在前一年的旅游中去世，他的心里难受极了。

从伊尔梅瑙回来，歌德感到自己不久于人世。他向老朋友米勒立下了遗嘱，全权处理他的作品和出版全集事务，也向爱克曼就出版《浮士德》第二部作了交代。

1832年1月中旬，歌德把已经用火漆封好的《浮士德》手稿拆开，将有些章节朗读给儿媳奥蒂丽听。他几乎没有什么改动，又用火漆封了口。

2月的一天，天气较暖和，歌德独自在自家的花园里待了好几个小时。临终前一个半月，他还想到多年不见的玛丽安娜。他把她的信用火漆封好，寄给她。他还想起苏莱卡的形象，于是写了他最后一首情诗。

各人自扫门前雪，
全市住宅都清洁。
每人吸取教训，
就会成竹在心。

3 月初，歌德的一个女朋友蓓蒂娜的二儿子来看望他。歌德看到这小伙子带来的信，热情地接待了他。从 3 月 10 日至 15 日，歌德每天请小伙子吃饭。

这小伙子成了歌德招待的最后一个陌生人。

歌德在家待了整个冬天，感到心情烦闷和急躁。他急于到室外活动一下，3 月 15 日，歌德乘马车出外散步，结果着了凉，患了重感冒。

这时歌德的身体已经不行了，他已成了一个干瘦驼背的小老头。他胸部疼痛，两眼深陷，面色如土，不得不卧床休息。

几天以后，病情好转，歌德从床上走下来，向窗外眺望。

窗外，干枯的草丛下面已经泛出一点点绿色。歌德在心里默默地说："春天要来了。"可是，歌德没有等到叶绿花开，3 月 20 日夜里，他的病情又加重了，他已经没有力气了，一会儿睡着一会儿醒着。

22 日早晨，他再次清醒过来，穿戴整齐地来到客厅的沙发坐下，并吩咐儿媳奥蒂丽拿了一本谈论法国七月革命的书给他看。

看了一会儿，歌德又问了今天的日期，便倒在沙发上睡着了。睡梦中，他一直说着胡话，他一会儿说起了自己的老友席勒，又一会儿说起自己见到了漂亮女子的鬈发。

11 时，他睁开眼睛，看到窗帘被拉上了，便望着窗户喊道："打开百叶窗，让我再望这个世界一眼。"

他要奥蒂丽过去，说：“来吧，把你的小手给我。”

从此，他再没有说话。他半睡半醒地躺着。

垂危之时，他用手在空中舞动着。据在场的人说，好像他写了一个大写字母“B”字，但人们百思不得其解。

正好在他出生的时刻，这位伟大的诗人在沙发上溘然长逝了。

3 月 26 日，魏玛全体公民为歌德举行了隆重的葬礼，根据他的遗愿，他的灵柩被并排地放在他的挚友席勒的灵柩旁。两口橡木棺材上都用金属字母写着他们的名字。

在歌德的陵墓上，他早就事先为自己写好了墓志铭：

少年时孤僻而倔强，
青年时狂妄而固执，
壮年时敢做又敢为，
老年时轻率而怪诞！
要这样，你的碑上便可刻着：
一个真正的人在此安息！

附　录

光有知识是不够的，还应当运用；光有愿望是不够的，还应当行动。

——歌德

经典故事

童年的好学故事

歌德的祖母非常喜欢聪明可爱的小歌德，在歌德 4 岁那一年的圣诞节，祖母请人为歌德和妹妹表演了一场木偶戏，看完木偶戏后，歌德便让妹妹跟他一起学着木偶戏人物的样子，自己演起木偶戏来。他们的表演把父母亲逗得大笑不已。

从那以后，幼年的歌德总是自编自导一些小戏在家里演出，表现了他对戏剧的浓厚兴趣。

情场失败触发灵感

青年时期的歌德因公去韦茨拉尔，在出席一次舞会的途中偶然认识了一个叫绿蒂的少女，一见钟情。

绿蒂是歌德的朋友克斯特纳的未婚妻，但歌德对绿蒂十分倾倒，便不顾一切地向她表白了爱情。这使绿蒂惊慌失措，她把歌德的表白告诉了未婚夫，克斯特纳却对此表现得无所谓。

歌德知道这个情况后，感到十分震惊，为了自己，也为了绿蒂，他立即返回法兰克福，斩断了这不合适的情丝。几个月以后，他的另一个朋友耶路撒冷，因为爱上别人的妻子，受不了社会舆论的指责自杀了。歌德知道这件事后，感触很深，使用耶路撒冷作原型写了小说《少年维特之烦恼》。这部小说，使他名噪一时。

歌德由情场的失败转入到创作的成功，固然离不开他的文学功底，但更重要的，他是在不幸中找到了灵感，产生了强烈的创作欲望。

幽默的处事风格

德国诗人歌德有一天收到友人寄来一封特重的欠资信，歌德补足了邮资，打开信一看，只见一大包废纸，上面附了一张短笺，友人促狭地写道："我的身体很好，你的N。"

很快，这个身体很好的N也收到一包超重又欠资的邮包，里头是一块不小的石头，上面同样也附了短笺："获悉贵体康健，这块石头从我心上落了地。"

平易近人的作风

德国作曲家门德尔松少年时常到老年歌德家去玩，歌德称他为少年音乐家。

门德尔松是一个英俊的小男孩，他坐在钢琴旁，给歌德演奏即兴的乐曲，歌德越听越爱听。歌德亲热地抚摸着小门德尔松的头，笑着说："孩子！你用音乐赶跑了我心里的凶恶的幽灵。"

门德尔松深受歌德的影响，后来成为了德国著名的音乐家。

教育孩子珍惜时间

做了父亲的歌德很重视下一代的培养。一次偶然的机会，他发现儿子在自己的纪念册里摘引了别人写的一段诗："人生在这里有两分半钟的时间，一分钟微笑，一分钟叹息，半分钟爱，因为在爱的这半分钟时间死去了。”

歌德看到儿子摘抄的这些话，联想到儿子平时懒懒散散，不刻苦用功学习的情况，很不满意。他认为，一个还未成人的孩子对人生采取这种玩世不恭的态度，是很危险的。于是他提笔在儿子的纪念册旁边写道：“一个钟头有60分钟，一天就超过了1000分钟。儿子，要知道这个道理，人能有多少时间学习、贡献？”

然后，他把儿子找到跟前，当面给他说：“把人生只当作两分半钟，嬉戏人生，那就只能无所作为，浪费宝贵的光阴，糊里糊涂地打发过去了事。真正用每一分钟作为时间单位来计划自己的一生，争分夺秒地学习、工作和创造，那就成了世界上的大富翁，就可以比那些用年、月、日来计算人生的人，多做许多事。”

儿子听了父亲的忠告，很受教育。他把父亲写的诗又抄在纪念册的首页，作为鞭策自己的座右铭，经常对照学习，也经常讲给自己的伙伴听。

年谱

1749 年 8 月 28 日，生于美茵河畔的法兰克福。

1765 年 10 月至 1768 年 8 月，在莱比锡学习法律。

1868 年 7 月重病，8 月返回法兰克福。9 月至 1770 年 3 月在家中养病，完成《共谋罪犯》。

1770 年 4 月至 1771 年 8 月，在斯特拉斯堡学习。

1771 年 8 月，结束学习，获得法学博士学位，返回法兰克福。完成《铁手骑士葛兹·冯·伯里欣根》。

1772 年 5 月至 9 月，在魏茨拉帝国法院实习。

1773 年至 1775 年，完成《浮士德》初稿、《普罗米修斯》、《穆哈默德》等作品。出版《铁手骑士葛兹·冯·伯里欣根》，并成名。

1774 年，完成《少年维特之烦恼》，成为世界知名作家。

1775 年 11 月 7 日，应邀到魏玛。

1776 年 6 月 11 日，被任命为魏玛公国的枢密顾问。

1779 年 2 月至 3 月，写《伊菲格尼在陶洛斯》。

1782 年，6 月 3 日获得贵族称号，并在随后被任命为内阁大臣。

1786 年 10 月，秘密访问意大利，结识画家梯施拜因。

1787 年 2 月至 6 月，前往那不勒斯和西西里。

1787 年至 1788 年，完成《哀格蒙特》，开始写《浮士德》、《塔索》。

1788 年 4 月 23 日，由罗马动身返国，6 月 18 日抵魏玛。7 月与克里斯蒂安娜·乌尔皮乌斯同居。

1789 年 12 月 25 日，儿子奥古斯特·歌德诞生，完成《罗马哀歌》。

1790 年 3 月至 6 月，去威尼斯。4 月发现人的颚间骨。开始研究颜色学，完成《植物变形记》、《威尼斯警句》等著作。

1791 年 1 月，接任领导魏玛剧院的职务。

1792 年 8 月至 10 月，随同卡尔·奥古斯特出征法国。

1793 年 5 月至 7 月，参加围困曼因茨之役。完成《市民将军》、《列耶狐的故事》。

1794 年，建立和席勒的友谊。

1796 年，完成《威廉·迈斯特的学习时代》、《赫尔曼与窦绿苔》。

1797 年 8 月至 11 月，第三次瑞士之行，重新着手写《浮士德》。

1806 年 4 月完成《浮士德》第一部。10 月 14 日耶纳战役，魏玛被法军占领。10 月 19 日与克里斯蒂安娜正式举行婚礼。

1807 年，开始创作《威廉·迈斯特的漫游年代》。

1808 年 10 月，在埃尔福特受拿破仑召见，同年完成《潘多拉》。

1809 年，完成长篇小说《亲和力》。

1811 年，自传《诗与真》第一部完成。

1812 年，在泰布利茨与贝多芬见面。《诗与真》第二部完成。

1813 年，《诗与真》第三部完成。

1814 年至 1815 年，写《西东诗集》、《温和的讽刺诗》。

1816 年 6 月 6 日，妻子克里斯蒂安娜逝世。完成《意大利游记》第一部和第二部。

1819 年，完成《西东诗集》。

1823 年，认识爱克曼，创作《马里恩巴德哀歌》。

1824 年，整理《与席勒通信集》。

1825 年 2 月，开始创作《浮士德》第二部。

1829 年 1 月，完成《威廉·迈斯特的漫游年代》、《意大利旅行》。

1830 年，完成《诗与真》第四部。

1831 年 7 月 22 日，完成《浮士德》第二部。

1832 年 3 月 16 日生病，同年 3 月 22 日逝世于魏玛，终年 83 岁。

名　言

- 忘掉今天的人将被明天忘掉。
- 凡是自强不息者，最终都会成功。
- 只有伟大的人格，才有伟大的风格。
- 并不是我们受骗，而是我们欺骗自己。
- 幻想是诗人的翅膀，假设是科学的天梯。
- 读一本好书，就是和许多高尚的人谈话。
- 一个人的礼貌，就是一面照出他的肖像的镜子。
- 只要我们能善用时间，就永远不愁时间不够用。
- 一个人首先要教育自己，然后才去接受别人的教育。
- 你若要喜爱你自己的价值，你就得给世界创造价值。
- 劳动可以使我们摆脱三大灾祸：寂寞、恶习、贫困。
- 你若要为你的意义而欢喜，就必须给这个世界以意义。
- 把时间用得节省些，我很可能把最珍贵的金刚石拿到手。
- 并非有水的地方都会有青蛙，但是有青蛙的地方总会找到水。
- 幸运是靠着沉着的自信心，以及高尚的决心和当机立断而获得的。
- 谁若游戏人生，他就一世无成，谁不能主宰自己，永远是一个奴隶。
- 光有知识是不够的，还应当运用；光有愿望是不够的，还应当行动。
- 才能可以在独处中培养，品格最好还是在世界上的汹涌波涛中形成。

图书在版编目(CIP)数据

歌德／周红英编著.—北京:中国社会出版社，2012.6
(2022.6 重印)
(世界名人非常之路)
ISBN 978-7-5087-4054-6

Ⅰ.①歌… Ⅱ.①周… Ⅲ.①歌德,J.W.V.(1749~1832)-生平事迹 Ⅳ.①K835.165.6

中国版本图书馆 CIP 数据核字(2012)第 100845 号

出 版 人:浦善新
策划编辑:侯 钰
责任编辑:侯 钰
封面设计:张 莉

出版发行:中国社会出版社
地 址:北京市西城区二龙路甲 33 号
邮政编码:100032
编 辑 部:(010)58124867
网 址:shcbs.mca.gov.cn
发 行 部:(010)58124866
经 销:各地新华书店

印刷装订:北京华创印务有限公司
开 本:170mm×240mm 1/16
印 张:13
字 数:200 千字
版 次:2012 年 6 月第 1 版
印 次:2022 年 6 月第 4 次印刷
定 价:49.80 元

中国社会出版社微信公众号

中国社会出版社天猫旗舰店